Werner Zittel / Jörg Schindler

Geht uns das Erdöl aus?

Wissen was stimmt

HERDER spektrum

Band 6064

Das Buch

Von keinem anderen Energieträger ist unsere Wirtschaft so abhängig wie vom Erdöl. Erdöl ist der Motor des modernen Verkehrs, es gilt als Grundlage für unseren westlichen Lebensstil und als Voraussetzung für die Globalisierung. Doch wie lange noch? Während Ölkonzerne und Organisationen wie die OPEC weiterhin steigende Fördermengen prognostizieren, zeigen die Analysen unabhängiger Experten: »Peak Oil«, das Fördermaximum, ist längst erreicht und überschritten. Der Hunger nach Energie wächst weltweit, doch die Erdölvorräte werden knapp. Geht uns das Erdöl aus? Und was kommt danach? Indem sie gängige Meinungen aufgreifen, zeigen Werner Zittel und Jörg Schindler, welche Hoffnungen, Interessen und Irrtümer es hinsichtlich des Erdöls gibt und wie wir eine postfossile Welt gestalten können.

Die Autoren

Werner Zittel und Jörg Schindler befassen sich seit über zehn Jahren mit der Analyse von Energieressourcen und künftigen Fördermöglichkeiten. Beide sind im Vorstand und Gründungsmitglieder von ASPO Deutschland, einem Zusammenschluss von Wissenschaftlern zur Analyse der Ressourcenfrage. Werner Zittel ist seit zwanzig Jahren bei der Ludwig-Bölkow-Systemtechnik GmbH in Ottobrunn beschäftigt, deren Geschäftsführer Jörg Schindler bis Ende 2008 war.

Werner Zittel / Jörg Schindler

Geht uns das Erdöl aus?

Wissen was stimmt

HERDER

FREIBURG · BASEL · WIEN

Originalausgabe

www.herder.de

Umschlagkonzeption und -gestaltung:
R·M·E Eschlbeck / Botzenhardt / Kreuzer
Umschlagmotiv: corbis
Fotos der Autoren: © privat

Herstellung: fgb · freiburger graphische betriebe
www.fgb.de

Gedruckt auf umweltfreundlichem, chlorfrei gebleichtem Papier
Printed in Germany

ISBN 978-3-451-06064-9

Inhalt

Einleitung

Der Lebensstil in den industrialisierten Ländern der Welt beruht auf der reichlichen und billigen Verfügbarkeit von Erdöl. Jeder weiß, dass Erdöl als eine fossile Energiequelle endlich ist (wie auch Kohle, Erdgas und Uran). Gleichzeitig wird die Tatsache der Endlichkeit als rein theoretisch wahrgenommen, die keine praktischen Auswirkungen hat und das eigene Leben nicht betrifft. Das könnte sich als ein schwerwiegender Irrtum herausstellen.

In den Medien finden sich zunehmend widersprüchliche Signale. Auf der einen Seite heißt es, das Öl reicht noch für sehr lange Zeit, es wird über neue Funde und wachsende Reserven berichtet, und die Ölindustrie versichert, dass auch unsere Urenkel noch Auto fahren werden. Auf der anderen Seite finden sich Meldungen, dass es immer schwieriger wird, neue Ölvorkommen zu erschließen, dass die Förderung in wichtigen Regionen wie der Nordsee abnimmt und dass sogar die Internationale Energieagentur in Paris vor einer drohenden Versorgungskrise in wenigen Jahren warnt. Auch wird in jüngster Zeit vermehrt über Stimmen berichtet, die das Erreichen eines weltweiten Ölfördermaximums in naher Zukunft voraussagen, oder gar behaupten, es sei schon erreicht. Woher soll man wissen, was stimmt?

Seit etwa dem Jahr 2000 sind alte Gewissheiten ins Wanken gekommen. Die totgesagte OPEC ist wieder ein Machtfaktor, die Preise sind ständig gestiegen, und die Preisschwankungen sind immer größer geworden. Die Erklärungen für diese Entwicklung haben gewechselt, waren aber nie wirklich befriedigend und beruhigend. In der Folge hat sich in der Öffentlichkeit eine tiefe Verunsicherung breit gemacht.

Dieses Buch gibt einen kurzen Überblick über die Entstehung von Erdöl, die Geschichte der Entdeckungen und der Erdölförderung. Darauf aufbauend wird die wahrscheinliche Entwicklung der künftigen Verfügbarkeit von Erdöl dargestellt. Die These dieses Buches ist, dass die weltweite Ölförderung nicht weiter steigen kann und bald unaufhaltsam und kontinuierlich abnehmen wird. Damit ist die Zeit des billigen und reichlichen Öls vorbei. Die Endlichkeit der fossilen Energiequellen wird jetzt schon spürbar, lange bevor der *letzte Tropfen Öl* gefördert und verbrannt worden ist. Die Welt befindet sich an der Schwelle eines einschneidenden Strukturbruchs. Dies wird fast alle Lebensbereiche betreffen, zuerst und am stärksten den fast vollständig auf Erdöl basierenden modernen Verkehr.

Der Übergang zu einer nachhaltigeren Zukunft, die nicht auf fossile Energien baut, ist unausweichlich und hat – wofür auch die aktuellen Krisen ein Indiz sind – bereits begonnen. Dieses Buch will auch zeigen, warum das auf lange Sicht kein Katastrophenszenario sein muss. Dazu ist positives Handeln erforderlich, was jedoch eine nüchterne Analyse der Situation und der möglichen Wege in die Zukunft voraussetzt.

Geschichte des Erdöls

»Erdöl bildet sich immer wieder neu«

Die Entstehung von Erdöl

Die Entstehungsgeschichte des Erdöls ist eng mit der Geschichte der Gesteinsentstehung und insbesondere mit der Entstehung und Verschiebung der Kontinente verbunden. In den letzten Jahrzehnten konnten Geologen und Geochemiker diese weitgehend aufklären.

Drei Klassen von Gesteinen

Gesteine lassen sich in drei Klassen einteilen: magmatische Gesteine, metamorphe Gesteine und Sedimentgesteine. Magmatische Gesteine sind beim Erkalten und Auskristallisieren von Magma aus dem Erdinneren entstanden – hierzu gehören z. B. Basalt oder Granit – und verändern sich mit der Zeit kaum. Metamorphe Gesteine haben sich unter der äußeren Einwirkung von Druck, Temperatur und Verwitterung (Oxidation) aus anderen Gesteinen gebildet und im Laufe der Zeit verändert – hierzu gehört z. B. die Bildung von Schiefer und Gneis aus magmatischen Gesteinen oder von Marmor aus kalkhaltigen Sedimentgesteinen. Sedimentgesteine haben ihren Ursprung in der Verwitterung und Abtragung von Gesteinen vor allem durch Wind und Wasser. Diese Gesteine setzen sich aus den Ablagerungen am Meeresboden zusammen – zu ihnen gehören z. B. Sandsteine oder kalkhaltige Gesteine. Hier beginnt auch die Entstehungsgeschichte des Erdöls.

Grundlage: Algen

Im Lauf der Erdgeschichte sind mehrere kurze Perioden ursächlich für die Entstehung von Erdöl gewesen. Es waren dies immer besonders warme Zeiten mit intensiver Algenblüte in den Meeren. Das starke Wachstum der Algen und, in der Folge, ihr Absterben führte zu vermehrten Ablagerungen organischer Biomasse auf dem Meeresboden, dem Ausgangsstoff für die Bildung von Erdöl. In den meisten Fällen wurden diese organischen Substanzen durch Oxidation mit Sauerstoff zerstört. Daher war eine weitere Voraussetzung für die Erdölentstehung, dass die Ausgangsstoffe in ein sauerstoffarmes Milieu gelangten, oft als *stagnierende Bedingungen* bezeichnet. Diese Sedimente werden auch Faulschlamm und Halbfaulschlamm – im Fachjargon Sapropel und Gyttja – genannt. Liegt die Grenze des freien Sauerstoffs in der Wasserschicht über dem Sediment, dann spricht man von Sapropel, liegt sie in der obersten Sedimentschicht, von Gyttja. Derartige Sedimente mit einem hohen Anteil an organischen Kohlenwasserstoffen sind potenzielle Erdöl-Muttergesteine. Heute sind derartige Bedingungen z. B. im Mittelmeer oder im Schwarzen Meer gegeben.

»Ölfenster«

Die Zersetzung der langkettigen organischen Substanzen zu flüssigen Kohlenwasserstoffen benötigt weitere besondere Bedingungen. Insbesondere ist zum Aufbrechen der chemischen Bindungen eine Temperaturerhöhung auf mehr als 50° C notwendig. Mit zunehmender geologischer Tiefe nimmt die Temperatur im Mittel um 3° C je 100 m zu (dies ist der sog. Geothermale Gradient). Die für die Umwandlung erforderlichen Temperaturen werden erreicht, wenn die Sedimentschichten genügend weit absinken – sei es durch den Druck der darüber liegenden neu entstehenden Ablagerungen oder durch tektonische Verschiebungen. Steigt die Temperatur jedoch zu hoch, dann wird das biogene Ausgangsmaterial zu schnell weiter zu Methangas zersetzt. Daher gibt es einen optimalen Tiefenbereich für die Entstehung von Erdöl: Zu geringe Temperaturen ermöglichen keine Umwandlung, zu hohe Temperaturen über etwa 150° C zersetzen das Erdöl weiter zu Erdgas. Diesen für die Erdölentstehung wichtigen Bereich nennt man das *Ölfenster*. In der Regel liegt dieses Fenster in einer Tiefe von 1500 bis 4000 m; in größerer Tiefe bildet sich fast nur noch Erdgas.

Kerogen

In diesem Tiefenbereich bildet sich aus dem organischen Anteil des ursprünglichen Faulschlamms Erdöl. Für das weitere Verständnis muss noch erwähnt werden, dass nur ein Teil der ursprünglichen biogenen Materie, nämlich das Kerogen, die Ausgangsbasis für das spätere Erdöl bildet. Die das Kerogen enthaltenden Gesteinsformationen werden als *Muttergestein* bezeichnet. Die Erdöl bildenden Schichten im Muttergestein können mehrere tausend Quadratkilometer umfassen und auch in mehreren übereinanderliegenden, zunächst voneinander getrennten, Sedimentschichten lagern.

Bildung von Lagerstätten

Durch tektonische Verschiebungen und Stauchungen wird die Deckschicht durchlässig, und durch den in der Tiefe herrschenden Druck wandert das entstehende Öl und Gas nach oben. In den meisten Fällen diffundiert es fein verteilt in darüberliegende Schichten oder entweicht an der Erdoberfläche. Nur da, wo das Vorhandensein einer undurchlässigen Gesteinsschicht dies verhindert, wandert das Öl entlang der Neigung der Deckschicht und sammelt sich schließlich in einer sogenannte *Falle,* d. h. in einer Falte der undurchlässigen Deckschicht oder einer ähnlichen Unregelmäßigkeit. In derartigen Fallen sammelt sich das Öl aus dem weit verteilten Gebiet des Erdölmuttergesteins und bildet eine Lagerstätte. Die Wanderung des Öls vom Muttergestein zum späteren Ölfeld kann sich mehrere hundert Kilometer weit erstrecken. Das Öl bildet in der Lagerstätte aber keinen unterirdischen See, wie oft laienhaft vermutet wird, sondern benötigt ein geeignetes poröses Gestein, in dessen Poren es gespeichert wird. Die Wanderung des entstandenen Erdöls zum Speichergestein wird als Migration bezeichnet. Vor allem poröse Sande und Sandsteine, aber auch Karbonatgesteine und Riffe sind geeignete Speichergesteine. Öl und Gas sind auf ihrer Wanderung stets von Wasser begleitet. Schließlich bildet sich die folgende typische Struktur einer Lagerstätte aus: Das Öl schwimmt auf dem Wasser und füllt mit dem

Gas den freien Porenraum aus; hier wiederum sammelt sich das Gas vor allem im oberen Teil der Lagerstätte. Die Abdichtung nach oben erfolgt meist durch tonige Gesteine. Die größten Ölfelder, z. B. im Nahen Osten oder in den USA, bestehen aus Karbonaten.

Voraussetzungen für die Entstehung von Erdöl

- **Warme Epochen mit intensiver Algenblüte sorgen für Ablagerungen biogener Kohlenwasserstoffe am Meeresboden.**
- **Anaerobe Bedingungen am Meeresgrund zersetzen die Algen mit großem Anteil an Kerogen.**
- **Temperaturen zwischen 50° C und 150° C wandeln Kerogen in Erdöl um.**
- **Dieses Öl diffundiert und ein kleiner Teil davon wird in Gesteinsfalten gefangen.**
- **Das Öl wird in den Poren von geeignetem Speichergestein gebunden.**

Dieser Ablauf der Ölentstehung wurde inzwischen oft bestätigt. So stützt sich die Suche nach neuen Erdölfeldern meist auch auf die Suche nach entsprechenden Muttergesteinen. Davon ausgehend kann man den Weg der Migration des Öls nachvollziehen und somit potenzielle Erdöllagerstätten in der Region entdecken. Eines der größten norwegischen Ölfelder, Heidrun, wurde beispielsweise nach der Entdeckung des entsprechenden Muttergesteins gefunden, nachdem man mögliche Migrationswege auf dem Computer simuliert und dann gezielt an der richtigen Stelle nach Öl gesucht hatte.

Diese Theorie bildet heute die Basis für die Suche nach neuen Ölfeldern. In Kenntnis der geeigneten geologischen Zonen und Zeiträume der Ölentstehung und Migration weiß man, wo es sich lohnt, nach Öl zu suchen, und wo nicht. Das bedeutet aber keineswegs, dass alle Feinheiten schon verstanden wurden oder dass Überraschungen ausgeschlossen sind; aber sie sind unwahrscheinlich. So können fast alle bisherigen Ölfunde gut mit dieser Theorie erklärt werden – viele Ölfelder wurden auf Basis dieser Theorie entdeckt.

Entstehungsvarianten

Drei Varianten von diesem grundsätzlichen Entstehungsmuster sind für das Verständnis sogenannter unkonventioneller Kohlenwasserstofflagerstätten wichtig. Letztendlich können sie jedoch auf das ursprüngliche Muster der Ölentstehung zurückgeführt werden.

Tiefseeöl

Nach der skizzierten Theorie wird das Vorkommen von Ölfeldern mit zunehmender Tiefe immer unwahrscheinlicher. Tiefer als etwa 4000 m zu bohren ist also nicht besonders sinnvoll. Tatsächlich gibt es jedoch einige Konstellationen, bei denen wesentlich tiefere Erdöllagerstätten gefunden wurden. Insbesondere in der Tiefsee scheint die Regel nicht zu stimmen. Doch meist finden sich die entsprechenden Felder vor paläogeologischen Flussdelten oder an den kontinentalen Steilabhängen etwa im Golf von Mexiko, vor der Westküste Afrikas, oder vor der Ostküste Brasiliens. Ursächlich für die Entstehung war hier, dass ölhaltiges Muttergestein durch Sedimentrutsche in größere Tiefen verfrachtet und dann durch nachfolgende Formationen überdeckt wurde. In diesen Feldern ist immer ein großer Erdgasanteil enthalten, der je nach Lagerstättentemperatur und Aufenthaltsdauer schwankt.

Salzschichten sind sehr zäh und dämpfen Stoßwellen. Daher können diese nur sehr schwer mit seismischen Messungen erkundet werden. Seit etwa 15 Jahren weiß man, dass im Südatlantik zwischen Südamerika und Westafrika eine bis zu mehrere tausend Meter dicke Salzschicht abgelagert wurde; sowohl über als auch unter dieser Salzdecke konnten Erdölmuttergesteine identifiziert werden. Die meisten der bisherigen Tiefseefunde wurden über der Salzschicht entdeckt. Unter der Salzdecke konnten anfangs in geringeren Tiefen vor Westafrika, in den letzten Jahren auch in größerer Tiefe mehrere hundert Kilometer vor der brasilianischen Küste Öl führende Gesteine gefunden werden. Diese Ölfelder sind geologisch relativ jung, da sich Südamerika erst gegen Ende des Jura, vor ca. 150 Millionen Jahren, von Afrika abgetrennt hat, wodurch der Südatlantik entstand. Eine These geht dahin, die Salzschichten seien dadurch entstanden, dass in der Phase der Abtrennung ein anfänglich gebildeter Meeresarm zwischenzeitlich wieder austrocknete. Die ölhaltige geologische Struktur dieser Region entstand vermutlich im späten Aptium, vor etwa 112 bis 125 Millionen Jahren. Letztlich aber braucht es noch ein besseres Verständnis der geologischen Verhältnisse, die zur Entstehung dieser Öl- und Gasvorkommen geführt haben.

Teersande und Schwerstöle

In Kanada und im nördlichen Südamerika gibt es großflächige Vorkommen von Teersanden und sehr schweren Ölen, die als unkonventionelles Öl anzusehen sind. Tatsächlich sind dies Formationen, die während der Migration oder während späterer geologischer Phasen nahe an die Oberfläche verfrachtet wurden und durch Kontakt mit Sauerstoff so stark oxidierten, dass die leichter flüchtigen Bestandteile weniger wurden und sich die schwerflüchtigen Anteile angereichert haben. So gibt es z. B. Naturasphalte in Norddeutschland oder einen Asphaltsee auf Trinidad. Vor allem aber die Teersande um den Athabaska-Fluss in der Provinz Alberta in Kanada sind hier einzuordnen.

Ölschiefer

Die Vorstufe der Erdölentstehung, nämlich Kerogen, wurde bereits angesprochen. Es ist der organische Bestandteil der Ausgangssedimente, der weder in wässrig alkalischen noch in organischen Lösungsmitteln löslich ist. War das Muttergestein bei zu geringer Temperatur zu nahe der Oberfläche, so konnte der Ölbildungsprozess nicht abgeschlossen werden. Genau hieraus bestehen sogenannte Ölschiefer, die auch als nichtkonventionelle Ölressourcen im Gespräch sind. Tatsächlich gibt es hiervon große Vorkommen – vermutlich wesentlich größere als an Erdöl. Große Lagerstätten finden sich vor allem in den westlichen USA, in Australien, China und Russland. Diese Vorkommen sind alle sehr oberflächennah. Bekannte Lagerstätten sind weltweit verstreut. In Kalifornien wird Ölschiefer seit mehr als hundert Jahren abgebaut. Ölschiefer wurde im Zweiten Weltkrieg auch in Deutschland in der Schwäbischen Alb unter unmenschlichen Bedingungen unter Einsatz von Zwangsarbeitern abgebaut, es wurde jedoch kaum Öl produziert.

Abiotische Ölentstehung

Konkurrierend zur hier dargestellten Theorie der Ölentstehung aus biogener Materie wurde vor etwa fünfzig Jahren von russischen Geochemikern die Theorie der abiotischen Ölentstehung entwickelt. Im Kern besagt sie, dass Erdöl durch direkte Synthese von Kohlenstoff und Wasserstoff tief im Erdinnern entstehen und an die Oberfläche diffundieren kann. In abgewandelter Form stellte auch der amerikanische Astrophysiker Thomas Gold in den 1970er Jahren die These auf, das Erdgas sei tief im Innern der Erde entstanden und diffundiere nach oben. Daher könnten Erdöl- und Erdgaslagerstätten auch ohne biogene Ablagerungen außerhalb von Sedimenten entstanden sein. Im Labor lässt sich der Nachweis erbringen, dass diese Synthese unter geeigneten Bedingungen möglich ist. In der Praxis konnte jedoch kein Ölfeld auf Basis dieser Theorie gefunden werden.

»Man hat längst noch nicht überall gesucht«

Das Finden von Erdöl

Gezielte Suche

Die im vorhergehenden Kapitel beschriebene Theorie hat sich in der Praxis gut bewährt und ist heute Grundlage bei der Suche nach neuen Ölfeldern. Weltweit kennt man ca. 600 Sedimentbecken, deren Entstehungsgeschichte sich teilweise bis zum Auseinanderbrechen des Großkontinents Gondwana zurückverfolgen lässt. Mit zusätzlichen Informationen über paläoklimatische Bedingungen lassen sich die Regionen identifizieren, in denen Öl entstanden sein kann. In fast der Hälfte der Becken hat man bisher nennenswerte Mengen an Erdöl und Erdgas gefunden, wobei sich das meiste Öl auf nur wenige dieser Becken konzentriert. So ist z. B. die Nordsee mit etwa 60 Gb (Gigabarrel) förderbaren Öls das größte in den vergangenen fünfzig Jahren gefundene Ölbecken.

Fast neunzig Prozent des bisher gefundenen Erdöls befinden sich in zwei Bereichen: Der eine reicht von Westkanada über die USA und Mexiko bis nach Südamerika. Hier liegen auch die oberflächennahen Teersand- und Schwerstölgebiete Kanadas und Venezuelas. Der zweite Bereich reicht von Sibirien nach Süden bis Iran und macht dann einen Bogen westwärts über Saudi-Arabien bis Algerien in Nordafrika.

Wie man Öl findet

In der Frühphase geschahen Ölfunde eher zufällig – Öl trat an die Oberfläche oder wurde bei Brunnenbohrungen entdeckt. Bald kam man zu der Erkenntnis, dass Gesteinsfalten (sog. Antiklinalfalten) eine Voraussetzung für die Bildung von größeren Öllagerstätten waren. Desweiteren konnten aussichtsreiche Gesteinsformationen anhand von Fossilienfunden identifiziert werden. So bildeten lange Zeit das Auge des Geologen, der Geologenhammer und der Notizblock die wichtigsten Werkzeuge bei der Suche nach Erdöl. Tatsächlich wurden viele der großen Ölfelder mit diesen einfachen Hilfsmitteln gefunden. Mit der Zeit lernte man, mit seismischen Messungen die Struktur des Untergrundes besser zu analysieren. Heute ist die dreidimensionale Abbildung des Untergrundes Stand der Technik. Damit lassen sich entsprechende unterirdische Faltungen und Schichtungen sehr schnell identifizieren.

Probebohrungen

Nach dem Erwerb der Bohrrechte durch ein Unternehmen erfolgt das Abscannen des Untergrundes, um gezielt Explorationsbohrungen vornehmen zu können. Die erste Bohrung erlaubt eine sehr grobe Einschätzung der Feldgröße anhand der Flussrate (d. h. der Menge Öl, die pro Zeiteinheit aus dem Bohrloch fließt), die Rückschlüsse auf den Lagerstättendruck erlaubt. Um die Größe eines Feldes jedoch genauer zu charakterisieren und einen Feldentwicklungsplan zu erstellen, sind weitere Bohrungen notwendig.

»Oil-in-place«

Mit so gewonnenen geologischen Informationen über Ausdehnung und Dicke der ölführenden Gesteinsschicht sowie Porenanteil bzw. Ölanteil in den Poren wird der Inhalt des Ölfeldes geschätzt. Diese Angabe entspricht dem mutmaßlich im Gestein vorhandenen Öl (sog. »oil-in-place«). Es muss betont werden, dass sich das Öl nicht in einem unterirdischen See befindet, sondern unter Druck in die Gesteinsporen eingepresst ist. Bei Druckentlastung kann ein Teil dieses Öls wieder aus dem Gestein austreten. Die Kenntnis des Lagerstättendruckes, der Viskosität des Öls und weiterer Parameter über die geologische Komplexität der Lagerstätte erlaubt den Entölungsgrad zu ermitteln, sprich: welcher Anteil des in der Lagerstätte enthaltenen Öls gefördert werden kann. Im Durchschnitt über alle großen Ölfelder können heute etwa 40 Prozent des im Gestein gespeicherten Öls insgesamt gefördert werden. Es gibt aber auch komplexe große Felder, wo nur etwa 15 bis 20 Prozent des vorhandenen Öls gefördert werden können.

Bohrungen und Schätzungen

Die einzelnen Parameter, die eine Lagerstätte charakterisieren, können über die räumliche Ausdehnung des Ölfeldes stark variieren. Daher ist jede Schätzung anfänglich sehr ungenau, aber je mehr Bohrungen niedergebracht sind und je besser die Lagerstätte erkundet ist, desto genauer wird die Schätzung. Eine Angabe für ein großes Ölfeld, die nur auf ein oder zwei Bohrungen beruht, ist sehr spekulativ. Erst wenn die Lagerstätte in ihrer gesamten Ausdehnung erkundet ist, kann man verlässliche Aussagen machen. Hierzu sind oft zehn und mehr Bohrungen notwendig. Letztendlich erlaubt erst die Feldentwicklungsgeschichte eine genaue Aussage. Hier hilft jedoch auch die Erfahrung des Ölgeologen, da sich viele Lagerstätten in ihrem Entwicklungsverlauf ähneln.

Kurze Geschichte der Erdölfunde

In einigen Regionen der Welt war Erdöl bereits seit der Antike bekannt: In China wurde schon vor 2000 Jahren nach Öl gebohrt und das Öl in Bambusleitungen transportiert; in Griechenland wurde brennendes Pech als Waffe benutzt; in Aserbaidschan verehrten die Menschen spontan auftretende Gasfeuer, und Marco Polo berichtete von einer brennbaren Substanz, die dort aus dem Meer geholt würde.

Baku und Pennsylvanien

Mitte des 19. Jahrhunderts begann die kommerzielle Suche nach Erdöl in Europa und Nordamerika fast zeitgleich. Am bekanntesten wurden die Anfänge der Ölindustrie in Baku/Aserbaidschan am Kaspischen Meer ab 1848 – die Brüder Robert und Ludvig Nobel verdienten dort durch die Raffination und den Export von Erdöl ein Vermögen – und in Pennsylvanien/USA, wo Oberst Drake 1859 mit seiner Bohrung erfolgreich war. In beiden Regionen lösten die Ölfunde einen Boom aus. Zunächst haben die Ölgesellschaften in der näheren Umgebung und im eigenen Land nach Öl gesucht. Später wurde die Exploration auf neue Regionen ausgedehnt.

Texas

Anfang des 20. Jahrhunderts wurde Texas zum Zentrum der rasch wachsenden Ölindustrie. Doch bereits um 1930 waren Texas und die meisten anderen Staaten der USA so weit erforscht, dass sich immer weniger neue Ölvorkommen fanden. In den USA folgte dem Maximum des Findens von Erdöl vierzig Jahre später das Maximum der Förderung. Seit 1971 geht die Ölförderung stetig zurück und liegt heute auf dem Niveau der 1930er Jahre.

Offshore-Plattformen

Als die Funde in den anfänglich explorierten Gebieten der USA stagnierten, wurde die Suche auf neue Regionen ausgedehnt. Doch diese Aktivitäten konnten den Rückgang der neuen Funde nicht ausgleichen, sondern allenfalls etwas abmildern. 1949 wurde die erste Offshore-Plattform gebaut. Sie diente der Ölsuche in den flachen Gewässern des Golfs von Mexiko vor der Küste von Texas und Louisiana und markiert den Beginn der Ölsuche im Offshore-Bereich. Gut zehn Jahre später wurde die Suche auf Alaska ausgeweitet und dort 1969 das mit 14 Gb Inhalt größte Ölfeld der USA entdeckt. In den späten 1980er Jahren dehnte sich schließlich die Suche auf den tiefen Teil des Golfs von Mexiko aus. Allein auf dieser Region ruhen noch die Hoffnungen, die Ölförderung in den USA wieder für kurze Zeit steigern zu können.

Aserbaidschan

Parallel dazu erlebte Aserbaidschan einen frühen Aufschwung. Um 1900 stieg es mit einem Anteil von vierzig Prozent am weltweiten Ölhandel zum zweiten bedeutenden Zentrum auf. Diesem frühen Aufstieg folgten zwei abrupte Einbrüche: Nach der bolschewistischen Revolution 1917 brach die Ölförderung fast zusammen und erholte sich nur langsam, bis schließlich der Zweite

Weltkrieg die Ölförderung ganz beendete. Aus Angst vor einer deutschen Invasion hatte die Sowjetunion die Ölanlagen dort abgebaut und nordöstlich zwischen Wolga und Ural wieder aufgebaut. Ab etwa 1950 war dies das Zentrum der russischen Öl- und Gasindustrie. Aserbaidschans Ölindustrie erholte sich erst wieder in den 1980er Jahren, als die Suche nach Erdöl auf das Kaspische Meer ausgedehnt wurde. Die Ölförderung im Meer dieser Region speist sich aus nur einer einzigen Formation, dem Feldkomplex Azeri-Chirag-Guneshli. Das Fördermaximum wird dort um 2010 erreicht sein.

Südamerika

Die texanischen Ölfirmen weiteten ihre Aktivitäten sehr früh nach Mexiko aus, wo bereits 1904 ein großes Ölfeld entdeckt wurde. 1916 war Mexiko das zweitgrößte Ölförderland. 1938 wurde die Ölindustrie verstaatlicht und in der Firma Petróleos Mexicano (Pemex) gebündelt. 1914 war auch Venezuela im Ölrausch. Zunächst kamen europäische Firmen zum Zuge. Das Öl war billig zu erschließen, und Venezuela wurde bereits 1928 zum weltgrößten Exportland. Im Jahr 1958 kam erstmals eine linksgerichtete Regierung für längere Zeit an die Macht. Die politisch unsichere Lage bremste die Aktivitäten der ausländischen Ölfirmen. Die Verstaatlichung der Ölindustrie und ihre Bündelung in der Petróleos de Venezuela (PdVSA) erfolgte allerdings erst 1976.

Auch in Brasilien wurde Anfang der 1940er Jahre Öl gefunden. Die Erfolge waren jedoch zunächst bescheiden; man dehnte daher in den 1950er Jahren die Suche in den Flachwasserbereich vor der Küste aus, jedoch erfolglos. Aus der Notlage heraus forcierte die Staatsfirma Petrobras die Tiefseeexploration und wurde führend auf diesem Gebiet. In der Tiefsee war man erfolgreicher, es wurden bisher etwa 25 Gb an Erdöl gefunden. Diese Funde erlauben noch eine Ausweitung der derzeitigen Förderung; jüngste Neufunde nähren weitere Hoffnungen, so dass Brasilien als eines der wichtigsten Länder für die künftige Ölförderung gilt. Darauf wird im Kapitel »Szenarien der künftigen Ölversorgung« eingegangen.

Europäische Ambitionen

Europa nutzte vor allem seine Kolonien zur Erschließung von Ölvorkommen. Bereits 1890 wurde das Unternehmen Shell gegründet, um auf Sumatra nach Öl zu suchen. Damit wurde Indonesien als eine der ersten Regionen exploriert. Ab den 1970er Jahren ließen die neuen Funde nach, das Fördermaximum folgte 1978. Indonesien trat 2008 aus der OPEC aus, nachdem das Land inzwischen Öl importieren muss, um den heimischen Bedarf zu decken.

Mittlerer Osten

Bei Vermessungsarbeiten für die Bahnlinie Berlin – Bagdad stießen deutsche Ingenieure 1903 per Zufall im heutigen Irak auf Erdöl. Im Jahr 1927 wurde eines der größten Felder, Kirkuk mit 16 Gb Inhalt, entdeckt. Es dauerte weitere vierzig Jahre, bis ein noch größeres Feld, Rumaila mit 26 Gb, entdeckt wurde. Das letzte große Feld, East Bagdad mit 20 Gb, fand man 1967. Die drei Felder zusammen fassten etwa die Hälfte des bis heute im Irak gefundenen Erdöls. Der Fund der

Bahningenieure im Irak war Auslöser für die Ölsuche im benachbarten Persien, dem heutigen Iran. 1914 wurde dort das bis dahin weltgrößte Ölfeld gefunden. Dies führte auf Betreiben von Winston Churchill zur Gründung der britischen Staatsfirma »Anglo-Persian Oil Company«, die später in British Petroleum (BP) aufging. Zweck der Firma war es, die britische Marine mit dem neuen Kraftstoff zu versorgen. Relativ spät, erst ab 1932, wurde Saudi-Arabien und bald darauf Kuwait erforscht. Dort engagierte sich die Standard Oil Company, die Firma von Rockefeller; und es wurden die zwei größten Ölfelder der Welt entdeckt: 1938 erst das kuwaitische Ölfeld Burgan, 1948 dann das größte Ölfeld, Ghawar in Saudi-Arabien.

China

Mao Tse-Tung forcierte in China ab 1950 mit Unterstützung sowjetischer Ingenieure die Ölsuche. 1959 stieß man auf das mit 19 Gb mit Abstand größte Ölfeld in China, Daqing. Dessen Förderung geht inzwischen zwar zurück, sie stellt aber immer noch einen wichtigen Beitrag an der chinesischen Ölförderung.

Europa

Frankreich nahm die Suche nach Erdöl nach 1945 in seinen Kolonien in Nordafrika auf. Bald wurde dort mit 9 Gb das bis heute größte Feld des afrikanischen Kontinents, Hassi-Messaud, gefunden. Fast zeitgleich begannen Shell und BP mit der Ölsuche in Nigeria. Die großen Öl- und Gasfelder Europas wurden erst sehr spät entdeckt. Den Anstoß gab 1959 der Fund von Europas größtem Gasfeld bei Groningen in den Niederlanden. 1965 wurde mit West Sole ein erstes größeres Ölfeld in der Nordsee entdeckt. In den darauf folgenden zehn Jahren kamen viele der großen Ölfelder in der Nordsee hinzu, die deren Ölreichtum begründet haben. Bis 1980 waren die meisten großen Ölfelder in der britischen und norwegischen Nordsee gefunden. Mit etwa 60 Gb Fördermenge ist die Nordsee die größte Ölprovinz, die in den vergangenen fünfzig Jahren neu erschlossen wurde.

»Je höher der Ölpreis, desto intensiver die Suche«

Das Muster der Entdeckungsgeschichte

Vom Einfachen zum Schwierigen

Es gibt ein durchgängiges Muster, das die Ölsuche während der letzten 150 Jahre charakterisiert hat: »Vom Einfachen zum Schwierigen.« Beginnend in den USA und Russland wurde zunächst auf dem Festland nach Öl gesucht, erst oberflächennah, später auch in größeren Tiefen; dann in den Kolonien und anderen entfernteren Regionen. Darauf folgten die Exploration und Förderung im flachen Küstenwasser und schließlich im tiefen Meerwasser. Ganz zuletzt kommen die unwirtlichsten Regionen der Erde dran, nämlich die raue See nördlich des Polarkreises. Es gibt auch keinen nachweisbaren Zusammenhang zwischen Ölpreis und Explorationserfolgen, etwa nach dem Muster: »Wenn der Ölpreis steigt, dann sucht man verstärkt und findet auch mehr.« Mit Abstand das meiste Öl wurde vor 1973 gefunden, als Öl noch extrem billig war. Die gestiegenen Preise seit den 1970er Jahren führten ebenso wenig zu vermehrten neuen Funden wie der Preisanstieg seit 2000 dies vermochte.

Mehr Bohrungen – weniger Funde

Das qualitative Muster »Vom Einfachen zum Schwierigen« lässt sich auch gut mit Statistiken belegen. In jeder Region zeigen sich ähnliche Erschließungsmuster: Anfangs hat man mit wenigen Bohrungen viel Öl gefunden; diese Erfolgsquote verschlechtert sich zunehmend, bis man schließlich mit neuen Bohrungen kaum mehr zusätzliches Erdöl findet. Diesbezügliche Statistiken benutzen die Ölfirmen, wenn sie ein weiteres Engagement in einer Region, in der sie schon tätig sind, oder auch ein neues Engagement in anderen Regionen erwägen. Dann analysiert man, wie oft in der Region bereits nach Öl gebohrt worden ist und wie viel Öl man damit gefunden hat. Die grafische Darstellung dieser Statistiken – auf der Abszisse (X-Achse) ist die

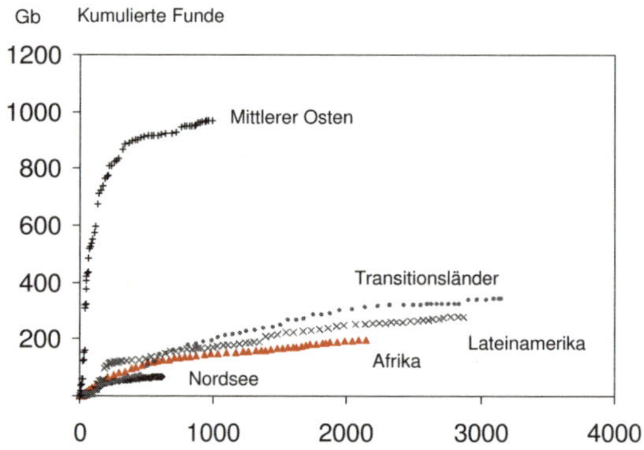

Anzahl fündiger Bohrungen (NewField Wildcats)

Anzahl der Explorationsbohrungen aufgetragen, auf der Ordinate (Y-Achse) sieht man die kumulierten Funde – zeigt Kurven, die anfangs sehr stark ansteigen (fast jede neue Explorationsbohrung erhöht die Ölfunde deutlich) und dann stetig abflachen. Der durch die kleiner werdenden Ölfelder beigetragene Zuwachs sinkt kontinuierlich im Vergleich zu den früher gefundenen, größeren Ölfeldern. Damit steigt auch der spezifische Aufwand für die Erschließung neuer Ölfelder. Das Maß der Abflachung der Kurve ist ein Indiz dafür, ob man in einer Region noch viele oder eher nur noch wenige neue Funde erwarten kann. Der in diesen Kurven sichtbare Trend lässt Rückschlüsse auf die Ölmenge zu, die man vermutlich insgesamt noch finden wird.

Die Geschichte der Ölfunde lässt sich wie folgt zusammenfassen:

- Die beiden größten Ölfelder wurden vor 1950 gefunden. Sie enthalten etwa 6 Prozent von allem bisher gefundenen Erdöl.
- Bis heute kennt man über 47 500 Ölfelder.
- Die 400 größten Ölfelder (1 Prozent aller gefundenen Ölfelder) enthalten 75 Prozent von allem bis heute gefundenen Erdöl. Die meisten dieser Ölfelder wurden vor mehr als 40 Jahren entdeckt.
- Das meiste Öl wurde vor 1970 gefunden, zu einer Zeit, als Öl sehr billig war.
- Seit 1970 werden die jährlichen Funde deutlich seltener.
- Seit Mitte der 1980er Jahre übersteigt der jährliche Verbrauch die neuen Funde.

Wichtige Kennzahlen zum Öl

- **Weltweite Funde bisher:**
  1786 Gb konventionelles Erdöl
  davon bisher gefördert: 1053 Gb
- **Wahrscheinlich noch zu erwartende Funde an konventionellem Erdöl: 114 Gb**
- **Insgesamt gefördertes Öl (inkl. Schweröl, Teersande): 1154 Gb**
- **Jahresverbrauch 2007: 30 Gb**

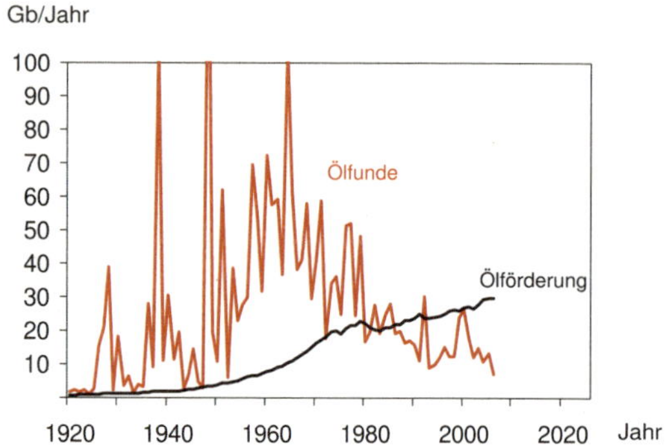

Ölfunde und Ölförderung (1920–2005)

»Man muss nur tief genug bohren«

Entgegen der landläufigen Meinung kann der technische Fortschritt keineswegs fehlendes Erdöl ersetzten. Die Anfang der 1980er Jahre begonnene Ausweitung der Exploration in die Tiefsee muss zunächst als Eingeständnis gewertet werden, dass man in anderen Regionen kaum mehr neues Öl findet. Sonst gäbe es keinen Grund, in die teure Tiefsee auszuweichen. Die bessere Qualität heutiger seismischer Untersuchungen führt nicht zu vermehrten neuen Funden – im Gegenteil: Die Analysen bestätigen, dass man in der Vergangenheit kaum ein großes Feld übersehen hat. Wohl aber erlauben diese Methoden, eine neue Region relativ schnell auf mögliche Funde hin zu untersuchen.

»Neue Technologien erlauben eine bessere Ölgewinnung«

Das Fördern von Erdöl

Grundprinzip der Ölförderung

Jedes Ölfeld steht unter Druck, der in der Regel umso größer ist, je tiefer das Ölfeld liegt. Das Ölfeld Kashagan im Kaspischen Meer hält mit mehr als 500 bar bisher den Rekord. Meist hat sich im oberen Teil des Ölfeldes Gas gebildet, von unten schließt Wasser die Öl führende Schicht ab. Wird ein Feld erschlossen, so sorgt die Förderbohrung für eine Druckentspannung, das Öl diffundiert aus den Gesteinsporen und gelangt über die Förderbohrung durch den Überdruck angetrieben an die Oberfläche. Doch je mehr Öl entnommen wird, desto mehr vermindert sich der Druck in der Lagerstätte, während gleichzeitig der Wasserspiegel steigt. Beides zusammen führt dazu, dass zunehmend die Viskosität des Öls seine Fließgeschwindigkeit bestimmt und der Wasseranteil an der geförderten Ölmenge zunimmt. Ab einem bestimmten Zeitpunkt begrenzen diese Effekte die Förderrate des Feldes, die dann ein Maximum erreicht. Nach dem Erreichen des Fördermaximums ist der weitere Förderverlauf durch die Physik vorgegeben und man kann die künftige Förderrate gut voraussagen. Sollte sich in der Phase der zurückgehenden Förderrate herausstellen, dass man die in dem Feld enthaltene Ölreserve ursprünglich zu niedrig geschätzt hat und daher eine Höherbewertung vornimmt, so hat das dennoch keinen Einfluss auf den künftigen Verlauf der Förderung.

Muster der Erschließung

In jeder Ölprovinz werden die entdeckten Felder bezüglich ihrer ökonomischen Eigenschaften bewertet, und es werden dann als Erstes die großen und kostengünstig zu produzierenden Felder erschlossen. Sobald diese großen Felder ihr Fördermaximum überschritten haben, muss eine steigende Anzahl neuer und im Allgemeinen kleinerer Ölfelder erschlossen werden, um den Förderrückgang der großen Felder zu kompensieren. Infolgedessen wird mit fortschreitender Förderung das Förderprofil der Region, das sich aus der Addition der Förderprofile der einzelnen Felder ergibt, immer asymmetrischer: Je mehr Felder ihr Fördermaximum überschritten haben, desto steiler wird der Förderrückgang der in Produktion befindlichen Felder der gesamten Region. Dieser Rückgang muss durch die immer schnellere zusätzliche Erschließung von immer mehr kleineren Feldern kompensiert werden. Wenn keine ausreichende Anzahl von neuen Feldern mehr zur Verfügung steht, dann hat die Region ihr Fördermaximum erreicht, und die Förderung beginnt insgesamt zurückzugehen. Form und zeitlicher Verlauf dieses Musters werden im Einzelnen bestimmt durch die Anzahl und die Größenverteilung der Ölfelder einer Region, durch die Erschließungs- und Produktionskosten sowie die politischen und marktlichen Rahmenbedingungen.

Dieses Muster kann sehr gut in zahlreichen Regionen beobachtet werden. In einigen Regionen war dieses typische Muster jedoch nicht vorherrschend, entweder weil die schnelle Entwicklung einer »günstigen« Region aus politischen Gründen nicht möglich war, oder weil ein Überangebot an Öl existierte, so dass die Förderung über einen längeren Zeitraum gedrosselt wurde. Dies war lange Zeit in vielen OPEC-Staaten der Fall. Aber je mehr die Überkapazitäten reduziert werden, umso eher folgt das tatsächliche Förderprofil dem beschriebenen Muster.

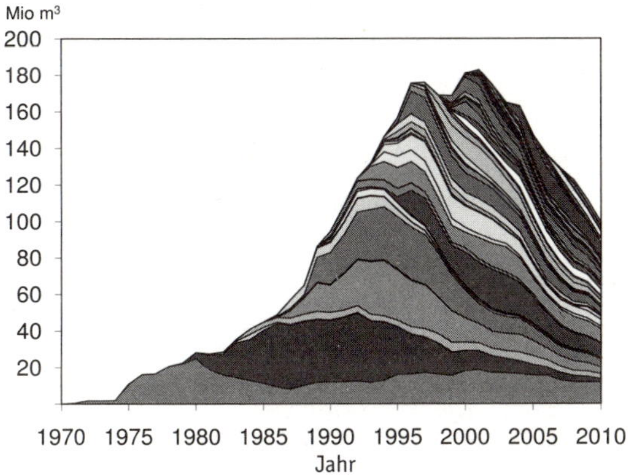

Beitrag der einzelnen Ölfelder zur Ölförderung von Norwegen

Da die Ölsuche und die Ölförderung in verschiedenen Regionen der Welt zu sehr verschiedenen Zeiten begonnen hat und unter sehr unterschiedlichen wirtschaftlichen und politischen Bedingungen erfolgt ist, befinden sich die Förderregionen in sehr unterschiedlichen Produktionsphasen.

Regionale Produktionsmuster

Von weltweiter Bedeutung war das Erreichen des Fördermaximums in den USA im Jahre 1970. Dies war in mehrfacher Hinsicht bedeutsam: Erstens wurde damit eine lange Phase der potenziellen Überproduktion beendet, die durch ein Ölkartell reguliert wurde. Dieses wurde durch die Texas

USA – ein erster Wendepunkt

Railroad Commission (RRC) verwaltet, die die Einhaltung der Förderquoten teilweise mit Waffengewalt erzwungen hat. Nach 1970 war das Kartell nicht mehr notwendig, jeder konnte so viel produzieren, wie er wollte. Zweitens war dies das erste Mal, dass die Ölindustrie der USA an der Kapazitätsgrenze produziert hat. Dieser Umstand hat die Ölpreiskrise des Jahres 1973 erst ermöglicht. Denn ab 1970 waren die USA auf steigende Ölimporte angewiesen, um ihren Bedarf zu decken. Erst in dieser Situation konnte die Androhung eines Exportstopps der OPEC-Staaten so wirkungsvoll werden. Drittens aber waren die steigenden Preise in den 1970er Jahren durchaus im Sinne der Ölindustrie nicht nur in den USA, denn erst dadurch wurde es rentabel, Öl in den bereits bekannten Gebieten in Alaska und in der Nordsee zu fördern.

Erschließung Alaskas

Das Beispiel der USA zeigt, dass trotz aller Fortschritte in der Fördertechnologie die amerikanische Ölförderung seit dieser Zeit rückläufig ist. Technologie und Geld konnten den Rückgang der Förderung nicht umdrehen, entscheidend sind die geologischen Bedingungen in den Ölfeldern. Ohne Alaska ist die Förderung heute auf dem Niveau der 1930er Jahre. Die Erschließung von Alaska konnte den Rückgang der USA für einige Jahre aufhalten. Seit 1989 geht die Förderung auch in Alaska zurück und damit in den USA insgesamt. Daran ändert auch die ständige Höherbewertung der US-Ölreserven nichts.

Förderrückgänge weltweit

Bereits sehr früh überschritten Österreich (1957) und Deutschland (1968) ihr jeweiliges Fördermaximum. Kanada erreichte sein Fördermaximum ein paar Jahre später (1974). Allerdings kann dort seit Mitte der 1980er Jahre die Förderung durch die Erschließung von Schweröl und Teersanden wieder angehoben werden. Indonesien befindet sich seit 1978 im stetigen Förderrückgang. Nachdem das Land 2005 vom Nettoexporteur zum Importeur wurde, wurde ein paar Jahre später die politische Konsequenz mit dem Austritt aus der OPEC gezogen. Syrien, Gabun, Malaysia, Venezuela, Argentinien haben alle in den 1990er Jahren ihr Fördermaximum überschritten. In den letzten Jahren erlebte der »Club der Länder, die ihr Fördermaximum bereits überschritten haben« einen regen Mitgliederboom: Hinzu kamen im Jahr 1999 Großbritannien, 2000 Australien, 2001 Oman und Jemen, 2004 Dänemark und Mexiko, 2005 Nigeria. Im Jahr 2007 folgte Russland. Ende der 1980er Jahre, nach dem Ende der Sowjetunion, brach dort innerhalb von fünf Jahren die Ölförderung um fünfzig Prozent ein. Aber nachdem mit internationalem Kapital die in dieser Zeit unterbliebenen Investitionen nachgeholt wurden, konnte für einige Jahre die alte Förderrate fast wieder erreicht werden. Vermutlich hat 2008 auch Angola sein Maximum erreicht, obwohl es gerade erst der OPEC beigetreten ist.

Ölförderkartell der OPEC

Auf Initiative des Präsidenten von Venezuela wurde 1960 die Organisation der Erdöl exportierenden Länder – OPEC – nach dem Vorbild der texanischen Railroad Commission (RRC) gegründet. Aufgabe der OPEC ist es, die Interessen der Öl exportierenden Länder durch ein Kartell zu vertreten, das der Stabilisierung der Preise dienen soll. Dazu werden für jedes Mitgliedsland Förderquoten festgelegt. Wirklich erfolgreich aber war dieses Kartell eher selten. Meist verfolgten die Länder eigene Interessen und hielten sich nur selten an die vereinbarten Förderquoten. Erst seit 2000 scheint es, als ob eine neue Förderdisziplin greift. Jedenfalls waren ab diesem Zeitpunkt Knappheiten spürbar. Dies veranlasste die Industriestaaten, die OPEC aufzufordern, die Förderung auszuweiten.

Die Ausweitung der OPEC-Förderung blieb sehr begrenzt. Dies lässt zweierlei Schlussfolgerungen zu: Entweder *will* oder *kann* die OPEC die Förderung nicht weiter ausweiten. Zunehmend mehren sich die Indizien, dass insbesondere Saudi-Arabien seine Förderung nicht mehr ausweiten kann. Das weltgrößte Ölfeld, Ghawar, auf dem die arabische Ölförderung zur Hälfte beruht, ist an sein Fördermaximum gekommen. Die offene Frage ist, wie schnell die Förderung zurückgehen wird, und ob dann auch die Gesamtförderung von Saudi-Arabien zurückgehen wird. Heute ist diese Frage nicht definitiv zu beantworten. Aber mit jedem Jahr wird es wahrscheinlicher, dass eine Ausweitung nicht mehr möglich sein wird.

Ölförderung der internationalen Ölunternehmen (IOC)

Auch die Ölfirmen sind durch die schwieriger werdenden Bedingungen herausgefordert, als da sind: zurückgehende Neufunde, schwindende Reserven und steigende Produktionskosten. Die vielen Unternehmenszusammenschlüsse seit Ende der 1990er Jahre kann man als eine erste

Reaktion interpretieren. Amoco und Arco gingen in BP auf, Fina und Elf wurden Teil von Total, Exxon und Mobil fusionierten genauso wie Chevron und Texaco oder Conoco und Philipps. Für die Unternehmen war es offensichtlich günstiger, sich durch Zusammenschlüsse neue Reserven und Fördermöglichkeiten anzueignen, als nach neuen Ölfeldern zu suchen. Alle diese Zusammenschlüsse waren mit einem erheblichen Personalabbau verbunden. Nachdem das meiste Öl gefunden war, schienen vor allem Ölgeologen entbehrlich zu sein. Ein Unternehmen, Shell, konnte oder wollte sich an diesem Prozess der Firmenaufkäufe und Fusionen nicht beteiligen. Sein Förderrückgang seit 1998 ist mit mehr als dreißig Prozent der größte von allen Rückgängen bei an der Börse notierten internationalen Unternehmen.

Fördermaximum erreicht

Auch die anderen Unternehmen konnten nur wenige Jahre ihre Förderung halten oder sogar noch ausweiten. Im Jahr 2004 war es dann so weit: Das gemeinsame Fördermaximum war bei allen großen westlichen Ölfirmen erreicht. Seitdem ist die Förderung um etwa drei Prozent pro Jahr gefallen, bis Ende 2008 um etwa 15 Prozent. Dies zeigt, wie begrenzt die Möglichkeiten sind, wenn das Öl weniger wird – trotz aller Technik und allen Kapitals. Aber man darf die Bedeutung der Ölmultis nicht überschätzen. Kontrollierten sie vor Jahrzehnten noch einen Großteil der Weltförderung, so ist ihr Anteil heute mit etwa zwölf Prozent eher gering. Damit haben sie auch keinen Einfluss auf die Preisbildung von Rohöl. Die verbleibenden Ölreserven konzentrieren sich zunehmend bei den großen staatlichen Ölunternehmen.

Neue Fördertechniken

Das Absinken der Förderrate nach Überschreiten des Maximums kann durch einige Maßnahmen bis zu einem gewissen Grad verzögert oder verringert werden:

- Künstliche Druckerhöhung durch Injektion von Erdgas oder Wasser in die Lagerstätte. Diese Methoden werden als »sekundäre Fördertechniken« bezeichnet.
- Alternativ durch Einpressen von Kohlendioxid oder Stickstoff sowie durch Injektion von Chemikalien und die Erwärmung des Öls zur Verringerung der Viskosität. Diese Methoden werden als »tertiäre Fördertechniken« bezeichnet und sind auch unter dem Begriff »enhanced oil recovery« – EOR-Verfahren – bekannt.

Die letztgenannten Methoden werden sinnvoll nur in alternden Ölfeldern mit bestimmten geologischen Eigenschaften der Lagerstätten angewandt. Je komplexer die geologischen Verhältnisse und je geringer der Entölungsgrad, desto wirksamer sind diese Maßnahmen.

Anstieg der Ölförderung?

Diese Verfahren werden häufig als Begründung für einen in Zukunft zu erwartenden Anstieg der Ölförderung angeführt. Aus verschiedenen Gründen sollte der Einfluss dieser Verfahren jedoch nicht überschätzt werden:

- Sekundäre Fördertechniken und EOR-Verfahren werden schon seit über dreißig Jahren eingesetzt und sind in Förderprognosen bereits berücksichtigt. Für die Zukunft sind hier keine plötzlichen Veränderungen zu erwarten.

- Sekundäre Fördertechniken und EOR-Verfahren werden hauptsächlich nach Überschreiten des Fördermaximums eines Feldes eingesetzt, wenn der Druck im Ölfeld bereits niedrig ist. Durch diese Verfahren lässt sich ein abnehmendes Förderprofil nicht über einen längeren Zeitraum in ein ansteigendes umwandeln.

Ein markantes Beispiel dafür ist die Förderung in dem Ölfeld Prudhoe Bay in Alaska, dem größten Ölfeld in den USA. Dieses Ölfeld wurde mit den besten verfügbaren Technologien der Branche erschlossen und es wurde jedes nur erdenkliche neue Verfahren angewandt, um den Förderrückgang aufzuhalten. Heute wird aus den Bohrlöchern mehr Wasser als Öl gefördert – Wasser, das vom Öl abgetrennt und wieder reinjiziert wird. Trotz dieser kostspieligen Maßnahmen ist die Förderrate seit 1989 um mehr als achtzig Prozent gefallen.

Horizontalbohren

Eine weitere moderne Technik ist das Horizontalbohren. Die Förderbohrung wird in der ölführenden Schicht horizontal abgelenkt, zusätzlich werden innerhalb dieser Schicht seitliche Satellitenbohrungen von der Hauptbohrung verzweigt. Damit soll ein möglichst großer Kontakt der Förderbohrung mit der ölhaltigen Gesteinsschicht erreicht werden.

Grenzen und Gefahren

All diese Methoden dienen dazu, das Öl möglichst schnell zu fördern. Kurzzeitig kann man damit tatsächlich höhere Förderraten als ohne diese Methoden erreichen, doch ab einem bestimmten Punkt verstärken diese Maßnahmen den unvermeidlich eintretenden Förderrückgang. Das heißt, mit diesen Methoden wird das Öl nur schneller gefördert, aber die insgesamt förderbare Menge nimmt nicht zu. Wenn diese Methoden zu aggressiv angewandt werden, bergen sie sogar die Gefahr, die insgesamt förderbare Ölmenge zu verringern. Das Einpressen von Wasser muss gut geplant und ausgeführt werden, sonst kann es passieren, dass sich das Wasser den Weg direkt zur Fördersonde sucht und Teile des in den Poren gespeicherten Öls abgeschnitten werden. Dann bricht die Förderung zusammen und man spricht von sogenanntem »bypassed oil«. Diesen Effekt konnte man im größten Ölfeld in Oman, dem Feld Yibal, beobachten, wo die Ölförderung innerhalb weniger Jahre um mehr als fünfzig Prozent eingebrochen ist.

Unkonventionelles Erdöl

Die Förderung von Schwerölen oder Teersanden folgt einem anderen Muster als die oben beschriebene, konventionelle Ölförderung. Beim unkonventionellen Öl bestimmt von Anfang an die Zähigkeit der Kohlenwasserstoffe die Fördermethoden und die Förderraten. Zudem sind diese Öle häufig stark mit Schadstoffen belastet.

Abbau von Teersand

In der Provinz Athabaska in Kanada wird bereits seit 1967 Teersand abgebaut und in Raffinerien zu synthetischem Rohöl verarbeitet. In der Bitumen haltigen Schicht beträgt der Kohlenwasserstoffanteil bis zu zwanzig Prozent, bezogen auf den gesamten Abraum jedoch weniger als fünf Prozent. Nach dem Abbau muss das Bitumen vom Sand getrennt werden. Dies erfordert einen hohen Wasserverbrauch von mindestens zwei Liter Wasser je Liter Öl. Allein der steigende Wasserverbrauch – das hinterher verseucht ist und umständlich aufbereitet werden muss – stellt eine Begrenzung für die Ausweitung der Teersandförderung dar. Darüber hinaus wird sehr viel Energie benötigt, um die Schadstoffe (Schwefel) zu entfernen und das Bitumen zu Öl zu synthetisieren. Beispielsweise werden in Kanada täglich mehr als 3000 Tonnen Schwefel abgetrennt und auf Halde gelegt. Zudem sind in der Erschließungsphase der Teersande hohe Vorlaufkosten für die Infrastruktur der Minen und für Raffinerien zu tragen. Dies bedingt lange Vorlaufzeiten. Daher erfolgt die Ausweitung der Projekte nur sehr langsam.

Abbau von Ölschiefer

Noch extremer ist der erforderliche Aufwand beim Abbau von Ölschiefer. Um Ölschiefer zu Rohöl zu verarbeiten, muss der erdgeschichtliche Heizprozess bei der Bildung von regulärem Erdöl in kurzer Zeit nachgeholt werden. Dazu muss Kerogen über 500°C erhitzt werden, um die Ölbildung zu vollenden. Großer Energieaufwand, große Schadstoffemissionen, großer Aufwand beim Abbau und riesige Abraumhalden prägen das Bild. Auch in Deutschland wurde in der Grube Messel von 1884 bis 1971 Ölschiefer abgebaut.

Definitionen von Öl

- **Rohöl: flüssiges Öl mit einer Viskosität >17.5° API**
- **Schweröl: zähes Öl mit einer Viskosität von 10–17.5° API**
- **Schwerstöle inkl. Teersande: Öl mit einer Viskosität <10° API**
- **Natürliche Flüssiggase (NGL): Propan, Butan und schwerere Gasbestandteile, die bei geringem Druck flüssig werden. NGLs sind schwere Bestandteile des Erdgases.**
- **1 Barrel (bbl) oder Fass Öl entspricht 159 l; 1 Tonne Öläqivalent (toe) enthält je nach Dichte 7,1–7,38 bbl.; 1 Mtoe = 1 Million toe**

Steigende Förderkosten

Schwierigere Förderbedingungen schlagen sich in steigenden Förderkosten nieder. Die oft genannten Ölförderkosten in Arabien von 1–2 US-Dollar pro Fass gehören schon lange der Vergangenheit an. Da alte Ölfelder kontinuierlich an Ergiebigkeit verlieren, müssen sie beständig durch neue ersetzt werden, um die bestehende Förderrate konstant zu halten. Deshalb sind die Grenzkosten maßgebend, die Kosten also, die für die Erschließung neuer Ölfelder tatsächlich aufgewendet werden müssen.

Kosten aktuell

Die Kosten für die Erschließung neuer Felder lagen nach einer Analyse der amerikanischen Energiebehörde im Jahr 2006 im Golf von Mexiko bei 60–80 US-Dollar je Fass. Heute spricht man eher von 80–100 US-Dollar. Nicht ganz so hoch, aber deutlich über 20 US-Dollar liegen die Kosten inzwischen auch für die Erschließung neuer Ölfelder in Saudi-Arabien. In Brasilien haben sich wegen der Ausweitung der Ölförderung ins tiefe Meer die Durchschnittskosten über alle Felder innerhalb der letzten zehn Jahre versechsfacht. Auch hier liegen die Grenzkosten bei 80–100 US-Dollar pro Fass.

Raffinerien

Wegen der abnehmenden Verfügbarkeit und Ergiebigkeit von Ölquellen mit leichten und schwefelarmen Rohölen müssen die Ölfirmen zunehmend zäheres und stärker schadstoffhaltiges Öl erschließen. Das wiederum führt auch zu einem steigenden Aufbereitungsaufwand in der Raffinerie. Letztendlich erfordert dies neue Investitionen in Raffinerien für die Anpassung an schlechtere Ölsorten. Die zunehmende Spreizung der Ölqualitäten führt zu einer Aufweitung des Preisbandes für die unterschiedlichen Ölsorten: schlechte Qualitäten sind deutlich billiger als hochwertiges Öl.

»Die Zahlen liegen klar auf dem Tisch«

Das Verwirrspiel um Definitionen und Zahlen

Je nachdem, wen man fragt, erhält man unterschiedliche Angaben über die weltweiten Ölreserven – das ist die Menge Öl, die in Zukunft noch gefördert werden kann. Dies liegt vor allem daran, dass unterschiedliche Akteure unterschiedliche Definitionen verwenden. Viele Definitionen sind in einem bestimmten Kontext sinnvoll, außerhalb dieses Kontextes jedoch wenig aussagekräftig. Aber auch jede einzelne Definition lässt noch genügend Spielraum für Interpretationen zu, sodass es exakte Zahlen nicht geben kann.

Reserven und Ressourcen

Grundsätzlich wird zwischen Ölreserven und Ölressourcen unterschieden. Reserven bezeichnen Ölmengen, deren Lage und Größe hinreichend gut bekannt sind und von denen man grundsätzlich weiß, wie sie gefördert werden können. Ressourcen bezeichnen Vorkommen (über die Reserven hinaus), deren Lage und Größe nur ungefähr bekannt sind oder deren Existenz vermutet wird; unter welchen Bedingungen diese Ressourcen gefördert werden können, bleibt dabei offen. Eine Angabe für eine Ölreserve besitzt eine wesentlich höhere Wahrscheinlichkeit, der Realität nahezukommen, als eine Ressourcenangabe. Letztere kann sehr spekulativ sein und sagt erst einmal überhaupt nichts darüber aus, ob dieses Öl jemals gefördert werden wird, geschweige denn, ob es überhaupt existiert.

Definition der Reserven

Die Definition einer Ölreserve soll zunächst an einem Beispiel erklärt werden: In «Das Finden von Erdöl» wurde kurz erläutert, dass der explorierende Geologe einer Ölfirma seine Neuentdeckung zunächst bewertet, indem er Annahmen über Schichtdicke, Gesteinsart, Porosität, Viskosität des gefundenen Erdöls, dem möglichen Entölungsgrad etc. trifft. Jedem dieser Parameter ordnet er einen Wert mit einer gewissen Wahrscheinlichkeit und einem Unsicherheitsbereich zu. Hieraus kann er errechnen, mit welchen Wahrscheinlichkeiten aus der Lagerstätte bestimmte Ölmengen gefördert werden können.

Reservedefinitionen

- **Oil in place: In der Lagerstätte vermutete Ölmenge.**
- **Proved reserve: Die Ölmenge die mit 80–90 Prozent Wahrscheinlichkeit zu heutigen wirtschaftlichen und technischen Bedingungen gefördert werden kann.**
- **Probable reserve: Ölmenge, die zusätzlich zur nachgewiesenen Reserve mit 50 Prozent Wahrscheinlichkeit zu heutigen wirtschaftlichen und technischen Bedingungen gefördert werden kann.**
- **Possible reserve: Ölmenge, die zusätzlich zur nachgewiesenen und wahrscheinlichen Reserve mit 5 Prozent Wahrscheinlichkeit gefördert werden kann.**
- **Estimated ultimate recovery (EUR): Die insgesamt über die Lebensdauer eines Feldes entnommene Menge. In der Regel ist dies die Summe aus nachgewiesener und wahrscheinlicher Anfangsreserve.**

Nachgewiesene Reserven

Als sicherste Kategorie gilt die »nachgewiesene Reserve« oder »proved reserve«. Diese Definition gibt an, wie viel Öl man aus einem Feld mit 80–90 Prozent Wahrscheinlichkeit mindestens fördern kann unter den gegebenen wirtschaftlichen, technischen und politischen Bedingungen. Diese Angabe wird daher sehr vorsichtig getroffen und mit der Zeit wohl nach oben korrigiert werden, da man wahrscheinlich mehr Öl als anfänglich ermittelt fördern kann.

Nachgewiesene und wahrscheinliche Reserven

Die »nachgewiesene und wahrscheinliche Reserve« oder »proved and probable reserve« besagt: Die nach Einschätzung des Explorateurs insgesamt förderbare Ölmenge eines Ölfelds wird unter den gegebenen wirtschaftlichen, technischen und politischen Bedingungen so bestimmt, dass die Wahrscheinlichkeit dafür, dass die insgesamt förderbare Ölmenge größer als angenommen ist, genauso groß ist, wie dafür, dass sie kleiner als angenommen ist. Die Wahrscheinlichkeit für die Richtigkeit der Schätzung liegt also bei 50 Prozent (und nicht bei 80–90 Prozent wie bei der nachgewiesenen Reserve). Dieser Wert entspricht dem bestmöglichen Schätzwert für die tatsächliche Größe des Ölfelds. Nur dieser Wert ist relevant, wenn es darum geht, die künftig noch verfügbaren weltweiten Ölmengen abzuschätzen. Da die Wahrscheinlichkeit für ein Überschätzen der Reserven genauso groß ist, wie für ein Unterschätzen, gleichen sich die Fehler statistisch aus. Die *proved and probable reserves* der Gesamtheit aller bereits bekannten Felder wachsen nicht im Zeitablauf.

Mögliche Reserven

Schließlich gibt es noch die »mögliche Reserve« oder »possible reserve«, die angibt, dass mit einer geringen Wahrscheinlichkeit von 5–10 Prozent eine bestimmte Ölmenge gefördert werden kann. Umgekehrt bedeutet dies, dass mit einer Wahrscheinlichkeit von 90–95 Prozent weniger Öl als angegeben gefördert werden kann. Damit ist der Begriff der möglichen Reserve sehr großzügig definiert und ist sicher nicht geeignet für eine realitätsnahe Abschätzung der künftig global noch förderbaren Ölmenge.

Es gibt noch weitere, leicht unterschiedliche, aber im Prinzip weitgehend ähnliche, Definitionen von verschiedenen Berufsverbänden oder Instituten, auf die hier nicht eingegangen wird. Erwähnt werden soll nur Norwegen, wo versucht wird, größtmögliche Transparenz zu erreichen, indem die Reserven in sieben Klassen unterteilt werden. Damit soll das Spektrum von der sicheren zur unsicheren Reserveschätzung möglichst gut abgebildet werden.

Ölsorten

Eine weitere Unsicherheit ergibt sich bei der Frage, welche Ölsorten in die Reserveangaben einbezogen werden: nur konventionelles Erdöl oder konventionelles und nichtkonventionelles Erdöl? Und wo zieht man die Grenze zwischen beiden? In der ökonomischen Sichtweise gilt Öl, das unter den gegebenen technischen und wirtschaftlichen Bedingungen als förderbar erachtet wird, als konventionelles Erdöl, andernfalls als nichtkonventionelles Erdöl. Die Geologen nehmen eher die physischen Eigenschaften des Öls als Unterscheidungsmerkmal; demnach leichtes Erdöl als konventionell gilt, zähes schweres Erdöl, Teersande und Ölschiefer als nichtkonventionell. Eine dritte Unterscheidung ergibt sich aus der Fördertechnik: Öl, das mit konventionellen Methoden gefördert werden kann, gilt als konventionelles Öl, andernfalls als unkonventionelles Öl. Gemäß dieser Unterscheidung wird z. B. auch polares Öl und Tiefseeöl als nichtkonventionelles Öl betrachtet.

Praxis der Reservebewertug

An der Börse notierte Unternehmen berichten *nachgewiesene Reserven.* Der Wert ist relevant im wirtschaftlichen Umfeld der Ölindustrie, wo es gilt, Investitionen in die Erschließung eines Ölfeldes nach den Prinzipien der kaufmännischen Vorsicht abzusichern, aber auch die Reserven eines Unternehmens in der Bilanz und den Geschäftsberichten zum Schutz der Investoren vorsichtig auszuweisen. Letzteres ist auch eine Forderung der US Börsenaufsicht (SEC – Securities and Exchange Commission).

An der Ermittlung der Reserveangaben sind in den Unternehmen unterschiedliche Stellen beteiligt. Zuerst sind die Geologen gefragt. Der Geologe, der ein neues Ölfeld entdeckt hat, hat trotz aller objektiven Angaben bei der Bewertung des Fundes einen Spielraum. Er wird in der Regel dazu neigen, die Reserven so hoch auszuweisen, wie es die Daten, seine Phantasie und sein Verantwortungsbewusstsein noch erlauben. Je erfolgreicher er beim Finden von neuen Reserven ist, desto größer sind seine Aufstiegschancen. Der Ökonom in demselben Unternehmen betrachtet den Fund mit anderen Augen. Er muss die zur Erschließung notwendigen Investitionen rechtfertigen. Als Sicherheit für das eingesetzte Kapital gilt das Erdöl, das mit der Investition gefördert und verkauft werden kann. Die Bilanz muss positiv sein. Er wird lieber vorsichtig sein, um auf der sicheren Seite zu liegen. Darüber hinaus kennt er seine Explorationskollegen und deren Erfolgsdruck. Erst seine Angaben gelangen als »nachgewiesene« Reserven in die Firmenberichte.

»Wachstum« der Reserven

Diese Praxis führt aber auch zu ständiger Höherbewertung eines Feldes, wenn mit neuen Investitionen neue Bereiche des Feldes erschlossen werden. Das hat jedoch nur teilweise damit zu tun, dass man jetzt neue technologische Möglichkeiten hat oder über bessere Erkenntnisse über das Feld verfügt. Im Wesentlichen werden lediglich weitere Teile der bei der Entdeckung des Feldes intern ermittelten *nachgewiesenen und wahrscheinlichen Reserve* jetzt als *nachgewiesene Reserve* ausgewiesen. Erfahrungsgemäß nähert sich die über die Lebensdauer eines Ölfeldes insgesamt geförderte Ölmenge meist dem Wert, der von den Geologen zu Anfang als wahrscheinlicher Wert errechnet worden war. Damit wachsen die nachgewiesenen Reserven zwangsläufig mit der fortschreitenden Erschließung eines Ölfeldes. So entsteht die Illusion eines ständigen Wachstums der Reserven.

Veränderte Interessenlage

Diese vorsichtige Praxis des Reservebewertens hat sich bei börsennotierten Firmen bewährt und war in ihrem Interesse, da man so stille Reserven ansammeln konnte, die dann bei Bedarf aufgelöst werden konnten. Nach außen konnte so eine stetige Entwicklung der Reserven kommuniziert werden. Sobald die Reserven eines Unternehmens knapp zu werden beginnen, ändert sich mit einem Mal die Interessenlage. Jetzt möchte man nach außen gut dastehen und keine Schwäche zeigen. Dies hat Shell anfangs 2004 dazu verleitet, sich nicht mehr streng an das Ausweisen nachgewiesener Reserven zu halten, sondern auch wahrscheinliche Reserven als nachgewiesen zu deklarieren. Es stellte sich heraus, dass das Unternehmen die nachgewiesenen Reserven um fast 25 Prozent zu groß angegeben hatte. In einem Aufsehen erregenden Verfahren musste Shell nach einem externen Auditing die Reserveangaben mehrmals um insgesamt 4,5 Gb abwerten. Das hat zum Sturz des Vorstandsvorsitzenden geführt, der zuvor die Explorationsabteilung geleitet hatte. Nicht zuletzt wegen seiner großen Explorationserfolge hatte er sich eine gute Ausgangsposition für das Amt des Vorstandsvorsitzenden geschaffen. Dieser Vorfall hat zu einer Erschütterung des heilen Bilds der Ölindustrie geführt. Warum ist

Im Jahr 2004 schlägt eine Bombe ein: Shell muss seine Reserveangaben korrigieren.

es nötig, die Regeln zu verbiegen, wenn die Geschäfte angeblich langfristig gesund sind? Die alleinige Deutungshoheit der Ölindustrie über die Zukunft der Ölversorgung ist seitdem gebrochen.

Die berichteten Reserven der OPEC

Die Reserven der meisten OPEC-Staaten sind sehr zweifelhaft. Alle wichtigen OPEC-Staaten haben ihre Reserven zwischen 1985 und 1989 in erheblichem Maße gesteigert, trotz der Tatsache, dass in diesem Zeitraum keine entsprechenden neuen Ölfunde gemacht wurden. Die Begründung für diese Aufwertung lautet, dass die Einschätzung der Reserven in der Vergangenheit zu niedrig gewesen wäre. Dies mag bis zu einem gewissen Grad gerechtfertigt sein, da vor der Verstaatlichung der Ölindustrie in diesen Ländern private Konzerne möglicherweise dazu neigten, die Ölreserven aus finanziellen oder politischen Gründen eher zu niedrig auszuweisen.

»Politische Reserven«

Aber es gibt auch andere Gründe. Die Förderkontingente der OPEC-Länder werden entsprechend den jeweiligen nationalen Reserven und auch anderen Faktoren festgesetzt. Deshalb bestand für jedes Land ein Anreiz, seine Förderquoten durch das Ausweisen hoher Reserven hochzuschrauben und dann zu verteidigen. Es ist nicht durchschaubar und objektiv feststellbar, wie hoch die Reserven der OPEC tatsächlich sind. In Saudi-Arabien etwa gelten die Reserven als Staatsgeheimnis. Zu der Unklarheit trägt auch bei, dass seit dieser Höherbewertung die Reserven trotz der zwischenzeitlichen erheblichen Ölförderung nicht angepasst worden sind, sondern jedes Jahr exakt dieselben Zahlen wie im Vorjahr gemeldet werden. Kritische Beobachter sprechen in diesem Zusammenhang von »politischen Reserven«.

Heute müssen die OPEC-Reserven als sehr unsicher und vermutlich deutlich niedriger als angegeben bewertet werden. Das ist insofern zentral, als die Argumentation einer künftig möglichen, weltweiten Förderausweitung vor allem auf den hohen Reserveangaben der OPEC-Länder beruht. Die Autoren schätzen, dass die Reserven der OPEC um etwa 300 Gb zu hoch angesetzt sind. Eine Bestätigung dieser Einschätzung kam im Oktober 2007 durch Saddad al-Husseini, einem ehemaligen Spitzenmanager von Saudi Aramco, der größten Ölgesellschaft der Welt.

Aussagekraft der BP-Statistiken

Eine Reihe von Ölfirmen veröffentlichen jährlich Statistiken zur Ölförderung und zu Ölreserven. Die am weitesten verbreiteten öffentlich zugänglichen Reservestatistiken werden im »BP Statistical Review of World Energy« jährlich auf der Internetseite von BP verfügbar gemacht. Diese Statistiken übernehmen unkommentiert weitgehend anderweitig veröffentlichte Zahlen zu *nachgewiesenen Reserven.* Laut dieser Statistik sind die weltweit nachgewiesenen Ölreserven von 600 Gb Öl im Jahr 1973 auf etwa 1400 Gb bis Ende 2007 angestiegen. Da der Ölverbrauch im gleichen Zeitraum ebenfalls beachtlich gestiegen ist, wird diese Darstellung häufig als Beleg dafür gewertet, dass der Welt kein Versorgungsproblem bevorstehe. Tatsächlich sind die dort gesammelten Daten eine Mischung aus belastbaren und wenig belastbaren Angaben, sodass die Summe wenig belastbar ist. Wesentliche Gründe dieses Reserveanstiegs liegen in den »politischen« Reserven der OPEC-Staaten einerseits und in der Praxis des Höherbewertens nachgewiesener Reserven andererseits.

Industriedatenbanken

Die am weitesten verbreiteten Industriestatistiken stellt IHS-Energy gegen ein beachtliches Nutzungsentgelt zur Verfügung. Anders als bei BP stammen die Angaben zwar auch teilweise aus öffentlich zugänglichen Quellen, vor allem aber aus direkten Kontakten mit aktiven Explorateuren. Der Anspruch ist, *nachgewiesene und wahrscheinliche Reserven* darzustellen. In der Praxis gelingt dies jedoch nur teilweise, vor allem für solche Regionen, in denen westliche Firmen aktiv sind. Für Nordamerika, China und die OPEC-Staaten sind auch hier nur nachgewiesene Reserven mit den oben beschriebenen Mängeln verfügbar. Damit werden auch diese Statistiken jährlich unter Berücksichtigung von Neubewertungen angepasst.

Doch anders als bei BP, das die Neubewertung von Reserven dem Jahr des Neubewertens anrechnet, werden bei IHS die Neubewertungen den einzelnen Feldern zugeordnet und auf das Jahr der Entdeckung dieser Felder zurückdatiert. Die Begründung ist naheliegend: Die (höher bewertete) Ölmenge wurde ja bereits im Jahr der eigentlichen Entdeckung gefunden und jetzt nur neu bewertet. Damit ändert sich aber am zeitlichen Muster der Entdeckungen nur sehr wenig. Und genau dieses zeitliche Muster der Entdeckungen ist aussagekräftig. Erst damit kann man den zeitlichen Verlauf der Explorationserfolge erkennen und mit einiger Verlässlichkeit vorhersagen, wie viel Öl man in einer bestimmten Region oder weltweit noch finden wird.

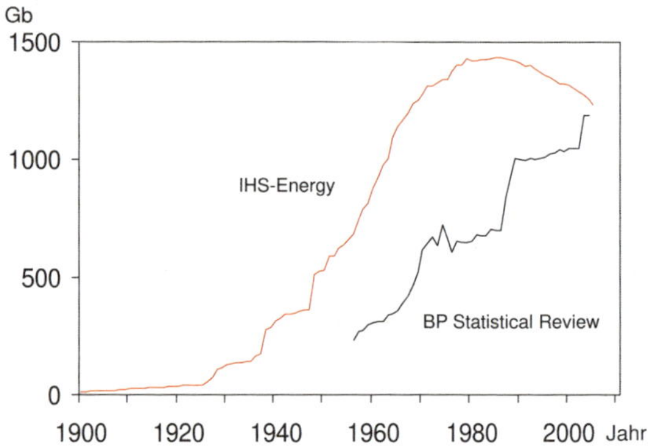

Welt Ölreserven-Reporting

Relevanz von Reserveangaben

Nach dem Überschreiten des Fördermaximums eines Ölfeldes ist der weitere Förderverlauf weitgehend vorherbestimmt. Mit jedem Jahr geht die Förderung um einen festen Prozentsatz zurück (der sogenannten *Decline*-Rate), der umso höher ist, je aggressiver versucht wurde, das Ölfeld auszubeuten. Im Mittel liegt die Decline-Rate bei den europäischen Ölfeldern in der Nordsee bei etwa acht Prozent pro Jahr. Das mexikanische Ölfeld Cantarell – das weltweit größte Offshore-Feld – ist seit 2004 mit mehr als zehn Prozent pro Jahr rückläufig. In dieser Phase wird eine aktualisierte Angabe der Reserven zunehmend bedeutungslos – sie hat keinen Einfluss mehr auf das künftige Förderprofil. So kann man beobachten, dass die Förderung aus dem größten Ölfeld der USA, Prudhoe Bay in Alaska, seit 1989 mit etwa acht Prozent pro Jahr zurückgeht, obwohl heute wesentlich mehr Fördersonden eingebracht sind als vor zwanzig Jahren. Dennoch werden die Reserven jedes Jahr nach oben korrigiert. Allmählich nähert sich die Summe aus bereits geförderter Ölmenge und nachgewiesener Reserve mit 14 Gb dem Wert der ursprünglich geschätzten *nachgewiesenen und wahrscheinlichen* Reserve.

Die mangelnde Aussagekraft von Reserveangaben nach dem Fördermaximum ist auch der Grund, warum man zwischen der Höherbewertung der Reserven in bereits produzierenden Ölfeldern und den Reserven in neuen Feldern, die noch nicht produzieren, unterscheiden muss: Neubewertungen eines produzierenden Feldes haben keinen Einfluss auf die künftigen Fördermöglichkeiten. Nur neue Ölfelder erlauben eine Ausweitung der Ölförderung, wenn sie erschlossen werden.

Reserveangaben als Politikum

In der Praxis lassen die verschiedenen Reservedefinitionen einen großen Interpretationsspielraum. Nach welcher Methodik die berichteten Reserven von den verschiedenen Akteuren tatsächlich bewertet wurden und werden, liegt weitgehend im Dunkeln. Reserveangaben, die sich nur auf die nachgewiesenen Reserven beziehen, sind für strategische Einschätzungen unbrauchbar, ja nachgerade irreführend. Sie vermitteln über den Zeitablauf die Illusion eines ständigen Reservewachstums. Nur ein verschwindender Teil der weltweiten Reserveangaben ist von unabhängigen Prüfern auditiert. Die meisten privaten und staatlichen Ölunternehmen verweigern sich einer unabhängigen Prüfung. Das heißt, dass Reserveangaben mit großer bis größter Vorsicht zu genießen sind. Diese Tatsache ist ein Politikum ersten Ranges. In einer so wichtigen Frage bewegt sich die Welt im »Blindflug«.

Bedeutung des Erdöls in der Gesellschaft

»Erdöl ist die Basis des modernen Verkehrs«

Wofür Erdöl gebraucht wird

Die wichtigsten Produkte, zu denen Erdöl in Raffinerien aufbereitet wird, sind Diesel, Heizöl, Kerosin und Naphta. Als Rückstand bleibt Schweröl. Erdölprodukte werden im Wesentlichen verwendet als Kraftstoffe für die verschiedensten Verkehrsmittel, zum Heizen, zur Stromerzeugung und als Grundstoff für die chemische Industrie.

Verwendungszweck	OECD		nicht-OECD		Deutschland	
	Mtoe	%	Mtoe	%	Mtoe	%
Verkehr	1252	57	670	41	58	47
Heizen	324	15	339	21	29	23
Stromerzeugung	93	4	170	10	1	1
Chem. Industrie	232	10	182	11	18	15
Sonstiges	171	8	127	8	7	5
Verluste	137	6	148	9	10	8
	2209	100	1636	100	123	100

Die Verwendung von Erdöl (2006)

Heizen und Stromerzeugung

In Deutschland nimmt der Verbrauch an Heizöl ständig ab. Gründe dafür sind, dass kaum noch neue Ölheizungen installiert werden, alte Ölheizungen durch Gas- oder Holzheizungen ersetzt werden und der spezifische Wärmebedarf der Gebäude wegen verbesserter Wärmedämmung ständig sinkt. Gegenwärtig werden in Deutschland weniger als 25 Prozent des Raumwärmebedarfs durch Ölheizungen gedeckt. Seit den Energiepreiskrisen der 1970er Jahre wird Öl in den Industrieländern immer weniger zur Stromerzeugung eingesetzt und spielt dort praktisch kaum noch eine Rolle. Anders sieht es in Entwicklungs- und Schwellenländern aus. Wegen der oft schlechten Qualität der Stromversorgung sind mit Diesel betriebene Stromgeneratoren vielerorts eine Notwendigkeit. Dafür spielt Diesel für Heizzwecke dort kaum eine Rolle.

Siegeszug im Verkehr

In den OECD-Ländern werden ca. 57 Prozent des Öls als Kraftstoff für den Verkehr verwendet. Der Verkehr seinerseits ist zu weit mehr als 90 Prozent auf Kraftstoffe aus Erdöl angewiesen. Der Schlüssel für den Siegeszug des Öls im Verkehr war der Verbrennungsmotor und seine Vorteile in Verbindung mit Benzin und Diesel als Kraftstoff. Die ersten Autos von Benz (1886), bald darauf von Daimler und anderen mit Benzin als Kraftstoff sowie spätere mit Diesel betriebene Autos ließen das noch nicht unbedingt erwarten. Die Fahrleistungen waren sehr bescheiden und es gab noch lange keine Tankstelleninfrastruktur. Bis zur Eröffnung der ersten öffentlichen Tankstelle sollte es noch dreißig Jahre dauern.

Historische Alternativen

Der Verbrennungsmotor stand lange in Konkurrenz zu Fahrzeugen mit elektrischem Antrieb und Batterien. Die ersten automobilen Rekorde wurden durch Elektrofahrzeuge aufgestellt. Lastwagen für den Nahbereich waren zunächst elektrisch, weil die Leistung der Verbrennungsmotoren noch nicht ausreichte. Auch mit Dampfmaschinen angetriebene Straßenfahrzeuge wurden ausprobiert, hatten aber wegen des hohen Fahrzeuggewichts, der mitzuführenden Brennstoffe, des Wasserbedarfs und der aufwändigen Bedienung keine Chance.

Vorteile des Verbrennungsmotors

Doch die Entwicklung des Verbrennungsmotors machte große Fortschritte. Die spezifische Leistung bezogen auf Motorgewicht und -volumen wurde immer besser. Die hohen Energiedichten von Benzin und Diesel im Tank ermöglichten jetzt Reichweiten, die mit keiner anderen Technik zu erzielen waren. Die Motoren wurden auch zuverlässiger, so dass es zur Bedienung keinen speziell geschulten Chauffeur mit technischen Fähigkeiten mehr brauchte – eine wesentliche Voraussetzung übrigens für die spätere Massenmotorisierung. Eine weitere wesentliche Eigenschaft des Verbrennungsmotors ist seine Einfachheit sowie seine »Skalierbarkeit«. Von sehr kleinen Leistungen bis hin zu riesigen Schiffsdieseln sind angepasste Lösungen entwickelt worden. Damit eröffneten sich vielfältige Anwendungen. Der Siegeszug des Autos wäre jedoch ohne eine weitere Basisinnovation nicht möglich gewesen, nämlich des mit Luft gefüllten Reifens aus Gummi. Neu erfunden wurde er für das Fahrrad von dem Schotten John Dunlop im Jahre 1888.

Der Bedarf an Kautschuk für Autoreifen führte zu einem Boom in Brasilien, mit seiner Blüte in Manaus: Noch vor Paris hatte Manaus eine elektrische Straßenbeleuchtung, eine elektrische Straßenbahn und leistete sich eine prachtvolle Oper.

Schifffahrt und Flugverkehr

Zunächst verdrängte das Öl auf den Dampfschiffen die Kohle als Brennstoff. Auf Churchill geht die strategische Entscheidung zurück, die englische Flotte noch vor dem Ersten Weltkrieg auf Öl umzustellen. Da war Erdöl zum ersten Mal eine strategische Ressource. Später verdrängte der mit Öl betriebene Schiffsdiesel auch die Dampfmaschine in den Schiffen. Der Verbrennungsmotor war auch die Voraussetzung für die Entwicklung der Motorflugzeuge und die der Luftfahrt überhaupt. Es ist offensichtlich, dass weder Dampfmaschine noch Elektroantrieb das Potenzial hatten, Flugzeuge anzutreiben. Nach den ersten Pionierleistungen zu Beginn des 20. Jahrhunderts wurde die Entwicklung des Motorflugzeugs durch das Militär vor allem in Deutschland, England und Frankreich vorangetrieben. Kampfflugzeuge spielten schon im Ersten Weltkrieg eine große Rolle. Die Nutzung von Flugzeugen als Verkehrsmittel erfolgte erst relativ spät. Luftschiffe, für ihre Fortbewegung ebenfalls auf Verbrennungsmotore angewiesen, blieben als Verkehrsmittel eine Episode. In den 1930er Jahren wurden in bescheidenem Umfang in Ländern wie Deutschland und den USA Flugzeuge in zunächst nationalen Dimensionen im Linienverkehr eingesetzt; erst nach dem Zweiten Weltkrieg begann die Ära des internationalen Luftverkehrs.

Aufstieg des Autos

Die Ära des Autos begann um 1895 in Paris. Autos wurden ein Modeartikel, und der Begriff Automobil wurde geprägt. Bis zum Beginn des Ersten Weltkriegs spielt das Auto jedoch nur eine Rolle als Luxusgegenstand, nicht als Verkehrsmittel. Der Lastwagen steckte derweil noch in den Kinderschuhen. Seine Entwicklung wurde, wie die des Flugzeugs, wesentlich durch das Militär im Ersten Weltkrieg vorangetrieben. Der entscheidende Durchbruch erfolgte schließlich in den 1920er Jahren mit der Erfindung der Riesenluftreifen, die auch große Radlasten erlaubten. Mit dem damit erreichten technischen Stand fand der Lkw danach auch zunehmend zivile Nutzung.

Massenmotorisierung

Henry Ford machte mit der Tin Lizzy das Auto zu einem standardisierten Produkt und leitete mit Aufnahme der Fließbandfertigung im Jahre 1914 die in den USA in den 1920er Jahren beginnende Massenmotorisierung ein. In Europa war zwischen den Weltkriegen das Fahrrad noch das wichtigste individuelle Verkehrsmittel. Erst in den 1950er Jahren begann der Siegeszug des Autos mit der Massenmotorisierung in den westlichen Industrieländern einschließlich Japan in den folgenden Jahrzehnten – eine Entwicklung, die in den Ländern des Ostblocks nach dem Zusammenbruch der Sowjetunion ab den 1990er Jahren nachgeholt wurde und noch wird.

Somit sind mittlerweile alle modernen Verkehrsmittel auf Erdöl als Energiequelle angewiesen: Autos und Lastwagen, Flugzeuge und auch die »alte« Eisenbahn, soweit sie nicht elektrifiziert ist. Die kommerzielle Schifffahrt ist ebenfalls vollständig auf Öl umgestellt.

»Ohne Auto kann man nicht mehr leben«

Motorisierung und westlicher Lebensstil

Die Attraktivität des Autos ist seit seinen Anfängen unverändert hoch. Es ist Symbol und Projektionsfläche für persönliche Freiheit, Individualität und Privatheit, Wohlstand und oft auch Luxus. Dass persönliche Freiheit und Individualität bei gleichzeitiger Massenmotorisierung eher zweifelhaft geworden sind, tut der Attraktivität keinen Abbruch.

Führerschein als Initiation

Der Erwerb des Führerscheins hat fast den Charakter eines Initiationsritus angenommen – erst mit Führerschein wird man ein vollwertiges Mitglied der Gesellschaft. Autobesitz ermöglicht das Entfliehen aus sozialen Zwängen und eröffnet neue Freiräume. Für Frauen hat sich durch den Autobesitz das Feld von Aktivitäten erweitert, die sie selbständig und ohne Gefährdungen ausüben können. Das eigene Auto vergrößert die eigene Privatsphäre, die man jetzt woandershin quasi mitnehmen kann. Die Individualisierung in den industrialisierten westlich geprägten Gesellschaften ist wesentlich mit dem Autobesitz verbunden. Einige dieser Eigenschaften, die das Auto so attraktiv machen, sind von seinem eigentlichen Verwendungszweck – der Fortbewegung – entkoppelt. Die Möglichkeit der Selbstdarstellung begünstigt den Hang zu größeren Modellen (schneller, größer, schwerer) und hat das Auto in den reichen Ländern zu einem Modeartikel gemacht.

Motorisierung und wirtschaftlicher Aufstieg

Autobesitz ist Symbol für Wohlstand, und wachsender Wohlstand zeigt sich in zunehmender Motorisierung. Das Auto wird als Zeichen persönlichen Erfolgs gesehen. Damit ist das Auto auch zu einem Statussymbol geworden, privat und vor allem auch im Geschäftlichen. Daher die Bedeutung, die den Dienstwagen zugemessen wird.

Zersiedelung

Das Auto hat gar zu veränderten Siedlungsstrukturen geführt. Die räumliche Trennung von Wohnen, Arbeiten, Einkaufen und weiteren Funktionen war plötzlich in zunehmendem Maße möglich. Unterstützt wurde diese Entwicklung durch den Straßenbau, der als Investition in die Wirtschaftskraft einer Region gilt. Der Traum vom Eigenheim im Grünen war nun für viele realisierbar. Die Kehrseite der Entwicklung ist eine zersiedelte Landschaft und dass der Autobesitz jetzt eine notwendige Voraussetzung für die Teilhabe am wirtschaftlichen und sozialen Leben ist. Wer kein Auto hat, ist benachteiligt. Zu besichtigen ist das in seiner extremsten Form in den USA: Verfall der Innenstädte und Suburbanisierung.

Motorisierung und Entwicklung

Die Attraktivität des Autos und seine wirtschaftliche und soziale Symbolkraft machen den Autobesitz auch so erstrebenswert für alle Gesellschaften, die wirtschaftlich noch nicht so weit entwickelt sind. Der Grad der Motorisierung gilt als ein Maß für die wirtschaftliche Entwicklung. Hier zeigen sich aber bereits die Grenzen des westlichen Entwicklungsmodells.

Eine Übertragung auf alle Menschen wird nicht möglich sein.

Begünstigung des Autos

Der Erfolg des Autos ist auch ein Ergebnis der Verkehrspolitik. Seit den 1950er Jahren war Verkehrspolitik in der Bundesrepublik Deutschland im Wesentlichen Infrastrukturpolitik, die ihrerseits ihren Schwerpunkt im Straßenbau hatte. Der fortwährende Ausbau der Bundesautobahnen, der Bundes- und aller anderen Straßen war eine Voraussetzung dafür, dass der Besitz und die Nutzung des Autos so attraktiv waren und blieben. Es geschah, was Daniel Goeudevert so beschrieb: »Wer Straßen sät, wird Verkehr ernten.«

Auch ist Deutschland mittlerweile noch fast das einzige Land, das keine generelle Geschwindigkeitsbeschränkung hat. Somit bleibt ein Anreiz, Autos mit Fahrleistungen zu bauen, die nur in wenigen Ausnahmefällen auch genutzt werden können. Das Steuerrecht fördert das Auto in vielerlei Hinsicht – von der Pendlerpauschale bis zur steuerlichen Begünstigung von Dienstwagen. Alle Versuche, die Besteuerung von Autos und Kraftstoffen aus Gründen des Klimaschutzes an den CO_2-Ausstoß zu koppeln, blieben bisher erfolglos. Dennoch sind die im internationalen Vergleich hohen Mineralölsteuern in Europa nicht ohne Wirkung: Der Verbrauch der Autos ist im Durchschnitt wesentlich niedriger als etwa in den USA, wo es praktisch keine Steuern auf Benzin und Diesel gibt. Ähnliches gilt für die ölreichen OPEC-Länder.

Privilegierung des Luftverkehrs

Weltweit zahlt der Luftverkehr keine Steuern auf seinen Kraftstoff. Das privilegiert ihn gegenüber der Bahn und dem Straßenverkehr und sendet im nationalen und europäischen Verkehr falsche Signale, was insbesondere unter Klimagesichtspunkten fatal ist. Erst in jüngster Zeit gibt es Bestrebungen, den Luftverkehr künftig in den Emissionshandel aufzunehmen.

»Ohne billiges Erdöl keine Globalisierung«

Wirtschaftliche Entwicklung und ölgetriebener Verkehr

Nach dem Zweiten Weltkrieg hat in den USA, in großen Teilen Westeuropas und in Japan eine vorher nicht gekannte wirtschaftliche Entwicklung eingesetzt; zunehmender Wohlstand und zunehmender Automobilbesitz gingen Hand in Hand. Infrastrukturen für den Straßenverkehr, den Luftverkehr und den Seeverkehr wurden ausgebaut, während die Eisenbahnnetze, außer in Japan, stagnierten.

Der Güterverkehr auf der Straße nahm kontinuierlich zu und war bald wesentlich bedeutender als der Güterverkehr auf der Schiene. Die Zivilluftfahrt wuchs aus kleinen Anfängen zu einem großen Verkehrszweig und verdrängte schon nach relativ kurzer Zeit im interkontinentalen Personenverkehr das Passagierschiff.

Billiger Treibstoff

Die gesamte Entwicklung war dadurch gekennzeichnet, dass die Verkehrsmittel Automobil, Lastkraftwagen und Flugzeug vergleichsweise stetig billiger wurden und sich entsprechend weiter verbreitet haben. Gleichzeitig sind die relativen Kosten für die Treibstoffe Benzin und Diesel für den Straßenverkehr, Kerosin für die Luftfahrt sowie Bunkeröl für die Seeschifffahrt tendenziell ständig gesunken.

Niedrige Transportkosten

Der zeitliche und ökonomische Raumwiderstand ist somit laufend kleiner geworden. Schließlich fahren immer mehr Menschen und Güter immer öfter immer weiter. Dies hat zu einem bisher nie dagewesenen Grad der Globalisierung geführt: Die Güterproduktion verlagerte sich zunehmend in Länder mit den jeweils niedrigsten Produktionskosten, Transportkosten spielen vergleichsweise keine Rolle. China und andere fernöstliche Länder sind zur Werkstatt der ganzen Welt geworden, von Textilien über Haushaltswaren, Elektronik und Optik bis zur Schwerindustrie. Dies bewirkte eine entsprechende Zunahme des Containerverkehrs auf See. Die Automobilindustrie ist eine der wenigen Branchen, die noch zu einem großen Teil in den alten Industrieländern zu Hause sind.

Rückkoppelungseffekt

Die Globalisierung führte und führt zur wirtschaftlichen Entwicklung auch der (ursprünglichen) Billiglohnländer. Es wird dort eine nachholende Entwicklung ausgelöst, die sich am westlichen Entwicklungsmodell orientiert; wirtschaftlicher Aufstieg und Autobesitz folgen dem bekannten und angestrebten Muster. Damit verstärkt sich die globale Dynamik weiter. Alle Verkehrsarten nehmen zu und entsprechend steigt die Nachfrage nach Erdöl für den Transportsektor.

Tourismus

Auch im Tourismus zeigt sich diese Entwicklung. Fernreisen haben in ungeahnter Weise zugenommen. In den reichen Ländern ist der Himmel längst »demokratisiert« worden. Das sieht man daran, dass der Begriff »Jetset« kaum noch gebräuchlich ist. Viele können heute das machen, was vor wenigen Jahrzehnten den »Reichen und Schönen« vorbehalten war. Das Verschwinden des Begriffs zeigt auch, wie schnell sich dieser Wandel vollzogen hat.

»Es gibt keine Grenzen des Wachstums«

Billiges Erdöl: die Voraussetzung für business as usual (BAU)

Wachstum als Stabilitätsgarant

Das westliche Wirtschaftsmodell beruht auf kontinuierlichem Wachstum. Allein schon rückläufige Wachstumsraten bereiten Schwierigkeiten, eine stagnierende oder gar schrumpfende Wirtschaft schafft unlösbare Strukturprobleme. Der Erfolg einzelner Unternehmen misst sich an ihrem Wachstum. Auf individueller Ebene garantiert Wachstum die grundsätzliche Perspektive des wirtschaftlichen und sozialen Aufstiegs für alle, auch wenn das im Einzelnen unklar und zeitlich unbestimmt ist. Politisch und volkswirtschaftlich gilt nur der Zuwachs als disponibel – da kann diskutiert, gekämpft und entschieden werden, welche gesellschaftliche und wirtschaftliche Gruppe welchen Anteil bekommt. Gleichzeitig besteht Konsens darüber, dass sich der Bestand faktisch nicht umverteilen lässt, ohne das ganze System in Frage zu stellen. Eine Stagnation der Wirtschaft schafft daher soziale Spannungen und wirft die Gerechtigkeitsfrage auf, die plötzlich nicht mehr mit der Aussicht auf künftige bessere Zeiten entschärft werden kann.

»Business as usual«

Der gesamte westliche Lebensstil hängt am Wachstumsmodell. Das betrifft die Produktionsbedingungen wie das Konsumverhalten und die Mobilität. Und es betrifft vermutlich auch die Stabilität der politischen Systeme. Diese Wirtschaftsweise nennen wir »Business as usual« oder abgekürzt BAU. Das will sagen, dass die Zukunft im Prinzip so sein wird wie die Vergangenheit und es keine Strukturbrüche geben wird.

Grundlage: billiges Erdöl

In der Vergangenheit lautete die wichtigste Randbedingung unseres Wirtschaftens: Energie ist billig und reichlich vorhanden. Nicht zuletzt deswegen beschwören Politiker immer wieder das Postulat der billig verfügbaren Energie als Grundvoraussetzung einer stabilen Wirtschafts- und Gesellschaftsordnung. Schmieröl und Treibstoff unseres Wirtschaftsmodells ist das reichliche Vorhandensein von billigem Erdöl. Das gilt zwar auch für die anderen fossilen Energieträger wie Kohle und Erdgas, aber Erdöl ist bei weitem am wichtigsten, insbesondere wegen seiner Bedeutung für den Verkehr. Obwohl diese Tatsache irgendwie im allgemeinen Bewusstsein ist, wird die volle Tragweite nicht wirklich verstanden.

Erdöl vs. menschliche Arbeit

Die durch Öl bereitgestellte Energie ist um ein Vielfaches billiger als menschliche Arbeit. Die folgende Modellrechnung soll das veranschaulichen: Ein Mensch kann auf Dauer etwa hundert Watt an körperlicher Arbeit leisten, nennen wir ihn in dieser Funktion einen Energiesklaven. Ein Barrel Öl mit 159 Litern entspricht etwa der Energiemenge von 16000 Arbeitsstunden eines Energiesklaven. Um ein Auto mit einem Verbrauch von fünf Litern Benzin auf 100 km nur einen Kilometer weit fortzubewegen, müsste ein Energiesklave etwa fünf Stunden Arbeit aufwenden. Wie effizient ist es dagegen, einen Kilometer zu Fuß zu gehen. Das Benzin für einen Kilometer kostet einschließlich Steuern nur zwischen 5 und 8 Eurocent, je nach aktuellem Benzinpreis.

Der Wert von Erdöl
1 l Erdöl enthält 10 kWh Energie, dies entspricht 3–5 kg Brennholz oder 100 h Arbeit mit einer Dauerleistung von 100 Watt. Damit können 100 l Wasser von 10° C auf 100° C erhitzt werden.

Erdöl: extrem billig

Diese Überlegung zeigt, dass Erdöl nicht teuer ist, sondern ganz im Gegenteil extrem billig. Dies gilt für alle fossilen Energien. Deswegen wurde menschliche Arbeit zunehmend durch Energie ersetzt. Parallel zur Arbeitsfähigkeit stieg damit aber auch die Leistungsfähigkeit. Weil das so ist, stellen Energie- wie Transportkosten in vielen Zusammenhängen einen vernachlässigbaren Anteil der Gesamtkosten von Produkten und Dienstleistungen dar. In Deutschland hat Energie einen Anteil von nur etwa zwei Prozent am Bruttosozialprodukt. Daraus aber zu schließen, dass Energie eigentlich als Produktionsfaktor unwichtig geworden ist, ist ein gefährlicher Trugschluss. Auf der physischen und technischen Ebene ist und bleibt Energie eine wesentliche und notwendige Voraussetzung für alle wirtschaftlichen und sonstigen Aktivitäten. Ohne Energie geht nichts.

Erdöl verstärkt Wachstumsdynamik

Die Entwicklung kannte im Wesentlichen nur eine Richtung. Jeder neue Energieträger brachte neue, dem alten überlegene Eigenschaften: Der

Übergang von der mit Kohle befeuerten Dampfmaschine zum Erdöl betriebenen Verbrennungsmotor mit innerer Verbrennung war eine wichtige Voraussetzung des »immer schneller« und »immer weiter«; wichtigste Eigenschaft des neuen Energieträgers war die höhere Energiedichte und die höhere Leistungsfähigkeit. Die zunehmende Substituierung von menschlicher Arbeitskraft durch Energie war eine Voraussetzung dafür, dass mehr Zeit blieb, sich um Neues zu kümmern. Dies führte zu der stark gestiegenen Bedeutung des tertiären Sektors und war Voraussetzung für viele Innovationen.

»Ums Erdöl werden doch keine Kriege geführt«

Erdöl und Politik

Interessen von OPEC und IEA

Die OPEC vertritt die Interessen der wichtigsten Öl exportierenden Länder und wurde in den 1960er Jahren gegründet. Ziel ist es, ein Überangebot auf den Weltmärkten zu verhindern und die Preise zu stabilisieren. Aktuell produzieren die OPEC-Länder insgesamt etwa 30 Mio. Barrel pro Tag. Die OPEC sucht eine Balance zu halten zwischen den eigenen wirtschaftlichen Interessen, der Aufrechterhaltung der Exporte zu auch für die belieferten Länder akzeptablen Bedingungen und der Verhinderung einer Situation, die die Verbraucherländer zu einer Abkehr vom Öl veranlassen könnte. Inzwischen gibt es noch eine Reihe weiterer wichtiger Öl exportierender Länder, die nicht zur OPEC gehören. Dazu zählen Kanada, Mexiko, Nigeria, Norwegen und Russland. Diese Länder haben im Jahr 2007 zusammen etwa 22 Mio. Barrel pro Tag produziert. Die Internationale Energieagentur (IEA) mit Sitz in Paris wurde von den OECD-Staaten nach der ersten Ölpreiskrise in den 1970er Jahren als Gegengewicht zur OPEC auf Initiative der USA gegründet. Ziel der IEA ist es, die Ölversorgung der Verbraucherländer sicherzustellen und die Preise möglichst niedrig zu halten.

Sowohl OPEC als auch IEA versuchen, die Politik und die öffentliche Meinung der jeweils anderen Gruppierung zu beeinflussen, aber auch, das autoritative politische Sprachrohr für die heimische Öffentlichkeit zu sein. Es ist daher nicht verwunderlich, dass die Meinungen meist deutlich auseinandergehen. In den Auseinandersetzungen geht es nicht um wissenschaftliche Wahrheit, sondern um die Vertretung von Interessen.

Öl als strategische Ressource

Erdöl ist eine notwendige Voraussetzung für den Lebensstil der Industrienationen. Ein Großteil des Ölbedarfs muss aus anderen Teilen der Erde importiert werden. Dies wiederum bestimmt die geostrategischen Politikziele. Wegen dieser fundamentalen Abhängigkeit ist Öl eine wesentliche Ursache für internationale Konflikte.

Politik der Kolonialmächte

Dass es den Amerikanern bei ihrem Krieg im Irak mehr um das Öl und weniger um die Demokratie ging, bezweifelt heute niemand mehr. Dabei gerät leicht in Vergessenheit, dass schon die gesamte moderne Geschichte des Nahen Ostens und Nordafrikas von westlichen Kolonialmächten geprägt wurde. Frankreich und England bestimmten die Strukturen bis hin zu den Grenzziehungen der von ihnen mitgegründeten Länder; prominentestes Beispiel ist die Grenzziehung zwischen Kuwait und dem Irak. Nach dem Ersten Weltkrieg engagierten sich auch die USA in der Region. Sehr früh war der dortige Ölreichtum das wesentliche Motiv. Die ersten Ölgesellschaften waren englische (z. B. im Iran) und französische, in Saudi-Arabien dann amerikanische. Die Interessen der westlichen Ölkonzerne bestimmten das politische Handeln der jeweiligen Länder – bis heute.

Militärische Dimensionen

Das strategische Interesse am Öl begann mit Churchills Entscheidung zu Beginn des 20. Jahrhunderts, die englische Marine von Kohle auf Erdöl umzurüsten. Die folgende Entwicklung war ganz stark vom Militär bestimmt. Der Erste Weltkrieg brachte eine rasante Entwicklung von Lastkraftwagen, gepanzerten Fahrzeugen und Flugzeugen; moderne Kriegführung war ohne Öl von da an nicht mehr denkbar. Im gleichen Maße stieg die strategische Bedeutung des Zugangs zu den Ölquellen. Mit der zunehmenden Verwendung von Öl als Energiequelle auch im zivilen Bereich, insbesondere für die neuen mit Öl angetriebenen Verkehrsmittel, stieg ganz »natürlich« die strategische Bedeutung von Erdöl weiter. Inzwischen ist die Sicherung des Zugangs zu den Ölquellen ein offizielles Ziel der NATO.

Aktuelle Konfliktherde

Es gibt weltweit eine ganze Reihe von Konfliktherden, die alle auch etwas mit dem Zugang zu Öl- und Gasressourcen zu tun haben. Im Irak und im Sudan geht es um den Zugang für westliche Ölfirmen zu den Ölquellen; hier gibt es eine heftige Konkurrenz zur chinesischen und russischen Ölindustrie. Der Ausgang dieser Konflikte ist ungewiss. In Afghanistan und Georgien geht es um die Kontrolle bestehender und geplanter Transportwege für Öl und Gas. So wurde Turkmenistan durch die Aussicht auf alternative Transportrouten ermutigt, von Russland höhere Gaspreise zu verlangen. Diese Preiserhöhungen gab Russland an die Ukraine weiter. Es liegt eine gewisse Ironie darin, dass der Einsatz auch deutscher Soldaten am Hindukusch mit zu einer Ursache für höhere Gaspreise in Europa geworden ist. Weitere Konfliktherde liegen in Kolumbien, Bolivien, Venezuela, Nigeria, um nur die wichtigsten zu nennen.

Was passiert in der Zukunft

»Die Spekulationsblase beim Erdöl ist geplatzt«

Der Ölpreis und die schwindenden Ressourcen

Wie Ölpreise entstehen

Der Ölpreis bildet sich an den Rohstoffbörsen in New York, London und einigen Handelsplätzen in Fernost. Die Preise werden immer für eine sogenannte Leitsorte und für die Lieferung an einem festgelegten Ort gebildet. In New York sind das die Sorten West Texas Intermediate und NYMEX crude, in London ist es die Sorte Brent für Nordseeöl, die in Wahrheit heute aus einem Korb verschiedener Ölsorten besteht, da kaum noch Öl aus dem Feld Brent kommt. Der Preis für OPEC-Öl bezeichnet einen Mischpreis aus mehreren leichten und schweren Ölsorten. Die Preise aller anderen Ölsorten und Qualitäten werden mit festgelegten Abschlägen oder Zuschlägen zu den Leitsorten bestimmt. Leicht flüchtiges und schadstoffarmes Öl ist hochwertiger und damit teurer als schweres oder stark schwefelhaltiges Öl. In der Regel liegen die Preise für WTI, NYMEX und Brent sehr nahe beieinander, der OPEC-Preis liegt wegen des hohen Anteils der

Schwerölsorten deutlich niedriger. Starke Unterschiede zwischen Brent, WTI und NYMEX deuten auf Verzerrungen durch besondere Umstände hin. An den Rohstoffbörsen gibt es einen Spotmarkt (Öl zur sofortigen Lieferung) sowie Terminmärkte (Lieferung zu einem bestimmten Zeitpunkt in der Zukunft).

Weiterhin niedrige Ölpreise?

Lange wurde der niedrige Ölpreis als wichtigstes Indiz dafür angeführt, dass in absehbarer Zeit keine Probleme bei der Ölversorgung zu erwarten seien. Gleichzeitig sagten fast alle Prognosen auch weiterhin unverändert niedrige Ölpreise voraus. Als seit dem Jahr 2000 der Preis zu steigen begann, drehten viele »Experten« und Marktbeobachter die Sichtweise um: »Sonderfaktoren« müssten die Ursache für diese unverstandenen Preissteigerungen sein, da die Fundamentaldaten ja eine auf absehbare Zeit ausreichende Ölverfügbarkeit garantieren würden. Also werde der Ölpreis bald wieder zurückgehen – da nicht sein kann, was nicht sein darf!

Analysten als Experten

Dabei erstaunt es umso mehr, dass die Öffentlichkeit genau die Ölanalysten und Marktbeobachter immer wieder als Experten in Sachen Ölpreis akzeptiert, deren Prognosen in den vergangenen Jahren ständig falsch waren. Spätestens seit die Finanzkrise gezeigt hat, dass die Analysten der Banken nicht mal ihre eigenen Geschäfte verstehen, sollte man erkennen, wie wenig sie zur Frage der künftigen Verfügbarkeit von Erdöl beizutragen haben. Nur wenige Analysten zeigen ein Verständnis für die technischen und geologischen Hintergründe. Tatsächlich haben nur wenige den Preisanstieg von 2000 bis Mitte 2008 als Folge einer zunehmenden Verknappung von Rohöl vorhergesagt. Dabei ist dies die einzige plausible Erklärung.

Folgen der Ölkrisen

Bis ca. 1973 wurde Öl aufgrund des weltweiten Überangebots und der niedrigen Produktionskosten real immer billiger. In den beiden Ölpreiskrisen der 1970er Jahre stieg der Preis innerhalb weniger Jahre sprunghaft um den Faktor 10 von 3 auf 35 US-Dollar. Dies führte zu den bekannten Wirtschaftsproblemen, einer rückläufigen Nachfrage nach Erdöl und einem Rückgang des Ölpreises auf etwa 15 US-Dollar pro Fass – deutlich niedriger als während, aber wesentlich höher als vor der Krise. Erst durch diesen höheren Ölpreis wurde es für die Ölindustrie attraktiv, die Felder Alaskas, der Nordsee und anderer schwerer zugänglicher Gebiete zu erschließen. Das steigende Angebot der Länder außerhalb der OPEC ging einher mit einem Rückgang der globalen Ölnachfrage wegen der gestiegenen Ölpreise. Die Folge war der wachsende Bedeutungsverlust der OPEC aufgrund des Überangebots auf den Weltmärkten.

Preisentwicklung heute

Im Dezember 1999 erreichte der Preis in Folge der damaligen Wirtschaftskrise einen Tiefstand von 10 US-Dollar pro Fass. Seit dieser Zeit stieg er mit nur kleinen Unterbrechungen stetig auf über 140 US-Dollar pro Fass. Erst im Sommer 2008 brach er schlagartig ein und fiel innerhalb eines halben Jahres um fast 100 US-Dollar.

Verfügbarkeit und Preisbildung

In den vergangenen zehn Jahren wurden die verschiedensten Erklärungen zur Entwicklung der Ölpreise vorgebracht. Jede Begründung war recht – nur ein stagnierendes Angebot aufgrund rückläufiger Förderung in wichtigen Gebieten kam als Grund nicht vor. Es ist überhaupt bemerkenswert, dass sich die Öffentlichkeit fast immer nur mit Preisen befasst. Statistiken über aktuelle Förderraten findet man dagegen so gut wie nie. Die deutliche Zunahme der Fluktuationen mit teilweise bis zu 10 US-Dollar innerhalb eines Tages oder jetzt 100 US-Dollar innerhalb eines halben Jahres zeigen, dass wir eine neue Situation haben und neue Mechanismen wirksam sind. Starke Schwankungen sind Indikatoren für einen angespannten Markt. Erstmals bilden sich Knappheiten auf den Märkten ab. Nur die aktuelle Verfügbarkeit von

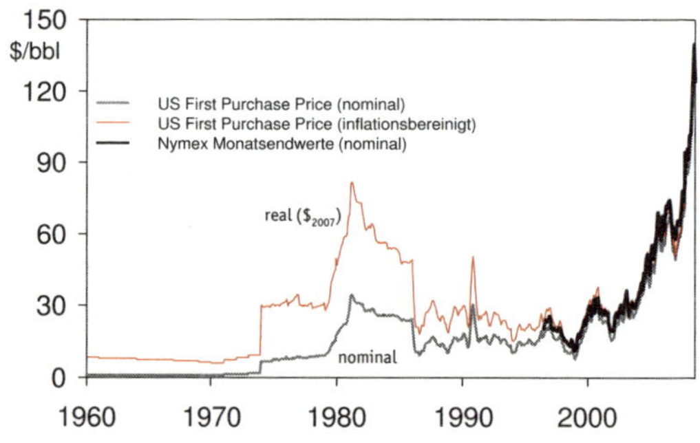

Entwicklung des Rohölpreises

Erdöl hat Einfluss auf die Preisbildung, langfristig zu erwartende Knappheiten haben keinen Einfluss. Erst wenn das Angebot stagniert oder zurückgeht und die Nachfrage nicht mehr bedienen kann, wandelt sich der Ölmarkt zunehmend von einem nachfragedominierten zu einem vom Angebot bestimmten Markt.

Ende der fossilen Energieträger

Die Konsumenten in den entwickelten Ländern sind davon überzeugt, dass der Lebensstil auf heutigem Niveau des Energieverbrauchs beibehalten werden kann. Hinweise, dass die fossilen Energieressourcen, die dies ermöglichen, zu Ende gehen, sind wenig beliebt und werden gerne verdrängt.

Stimmen der Ölindustrie

In der Einschätzung der künftigen Entwicklung gibt es ein Konzert unterschiedlichster Stimmen. Daher ist es notwendig, sich klarzumachen: Wer sagt was und welches sind die dahinter liegenden Motive und Interessen. Die Ölindustrie kommuniziert gerne, dass die bekannten Ölreserven trotz steigenden Verbrauchs jedes Jahr zunehmen. Dass dies eine zweifelhafte Information ist, haben wir im Kapitel »Das Verwirrspiel um Definitionen und Zahlen« dargelegt. Außerdem sind spektakuläre neue Ölfunde immer eine Nachricht wert. Der Tenor aller Äußerungen ist: Öl ist reichlich vorhanden, das Ölzeitalter wird sicher nicht an einem Mangel an Öl zu Ende gehen. Den Ölfirmen nahestehende Analysten und Institute äußern sich in ähnlicher Weise.

Interessen der Konzerne

Das Motiv für dieses Verhalten ist klar, die Verbraucher sollen nicht verunsichert werden. Ölfirmen haben kein Interesse, die Öffentlichkeit und Verbraucher vor bevorstehenden Problemen zu warnen. Es wäre gegen das eigene Geschäftsinteresse, den Konsumenten zu ermuntern, vom Öl abzukommen oder den Verbrauch einzuschränken. Zudem haben Ölfirmen kein Problem damit, weniger Öl für teures Geld zu verkaufen. Also wird alles getan, um solcherlei Bedenken zu zerstreuen. Entgegen der weit verbreiteten Meinung, verstehen Ölfirmen nur sehr wenig von der weltweiten Versorgungssituation. Ihr Geschäft ist es, Öl auf den Markt zu bringen und zu verkaufen. Da bleibt wenig Zeit und Interesse für grundsätzliche Fragen.

Reaktionen offizieller Organe

Die Internationale Energieagentur (IEA) und die offiziellen Organe der Verbraucherstaaten veröffentlichen in regelmäßigen Abständen Angaben zu Ölförderung, Ölreserven und Szenarien zur künftigen Entwicklung von Nachfrage und Angebot. Auch hier ist der Tenor, dass das Wohlstandsmodell und dessen Übertragung auf die ganze Welt grundsätzlich machbar sind. Die IEA ist Meinungsführer der meisten staatlichen und staatsnahen Organe. Ihr kommt ein hohes Maß an Autorität zu. Die Kommunikation der IEA liegt ganz auf der Linie der Ölindustrie.

Die IEA in der Kritik

Die Internationale Energieagentur und Regierungsorganisationen zeigen wenig Interesse an einer offenen Zukunftsdiskussion – das Eingeständnis einer zurückgehenden Ölförderung muss als Abschied vom vorherrschenden Wohlstandsmodell verstanden werden. In den letzten Jahren geriet die IEA jedoch zunehmend unter Druck, da ihre optimistischen Zukunftsszenarien in einem immer offensichtlicheren Gegensatz zu den aktuellen Verwerfungen auf den Ölmärkten standen. Die Annäherungen an die Realität erfolgten jedoch nur in kleinen Schritten und halbherzig.

BGR

Die deutsche Bundesanstalt für Geowissenschaften und Rohstoffe (BGR) führt zum Öl keine originären Erhebungen durch und übernimmt weitgehend die Angaben der IEA, wenn auch in letzter Zeit mit einigen kritischen Kommentaren. Sie ist als dem Wirtschaftsministerium nachgeordnete und weisungsgebundene Behörde entsprechend vorsichtig. In einer zentralen Argumentation unterscheiden sich ihre Äußerungen allerdings. Während die IEA mindestens bis 2030 kein geologisch bedingtes Verfügbarkeitsproblem sieht, erwarten die Geologen der BGR ein weltweites Fördermaximum um 2020. Die politischen Zwänge berücksichtigend heißt dies eher: »spätestens bis zum Jahr 2020, wahrscheinlich aber früher«. Diese Aussage sollte man ernst nehmen.

Staatlich beauftragte Institute

Die staatlich beauftragten Institute (z. B. Prognos, EWI, DIW etc.) berufen sich in ihren Energiestudien mit den Jahren 2020 oder 2030 als Horizont immer auf die Szenarien der Internationalen Energieagentur ohne diese auch nur ansatzweise zu hinterfragen. Deren Arbeiten bilden nun die Basis für Regierungsprognosen und -szenarien. Diese Institute zeigen wenig Interesse, ihren Auftraggebern gegenüber kritische Stellungnahmen abzugeben. Es scheint, als ob sie sich nicht mit einer eigenen Meinung exponieren möchten; vielleicht auch, weil sie zur Erdölgeologie und Technologie keine eigene Expertise haben. Diese Organisationen können oder wollen bevorstehende Unsicherheiten und Strukturbrüche nicht thematisieren.

Meinung der OPEC

Die Öl fördernden und exportierenden Länder mit ihren Unternehmen im Besitz des Staates leben von den Einnahmen aus dem Ölexport. Sie können kein grundsätzliches Verfügbarkeitsproblem ausmachen, sitzen sie selbst doch auf den großen Ölreserven. Sie sind bemüht, die Verbraucher zu beruhigen und jede Förderkürzung als eine gewollte Angebotsbegrenzung darzustellen. Zweifel an den Reserven und an einer ungebrochenen Fortsetzung der gegenwärtigen Ölförderung bergen politischen Zündstoff. Fundamentalistische Ideologen in den arabischen Ländern begründen den Kampf gegen die westliche Vorherrschaft, aber auch gegen eigene Regierungen gerne damit, dass mit dem billigen Öl die Zukunft des Landes verspielt würde. Das Eingestehen versiegender Ölfelder würde dies bestätigen und die politische Stabilität des eigenen Landes stark gefährden.

»Der Ölboom ist vorbei«

Umso bemerkenswerter ist es, dass auch aus der OPEC in letzter Zeit erstmals deutlich andere Töne zu vernehmen sind. Der arabische König äußerte sich überraschend klar: »Der Ölboom ist vorbei. Wir werden uns in Zukunft an einen anderen Lebensstil gewöhnen müssen.« Al-Husseini, der ehemalige Explorationschef von Saudi Aramco, bezeichnete in einem Interview erstmals die Erwartungen der IEA, dass Saudi-Arabien seine Förderung bis 2030 deutlich ausweiten werde, als unrealistisch und sagte, die Reserven der OPEC seien deutlich niedriger als von westlichen Beobachtern angenommen und als offiziell berichtet.

Stimmen unabhängiger Geologen

Daneben gibt es einige unabhängige Geologen, die über jahrzehntelange eigene Explorationserfahrungen verfügen und ein weitverzweigtes Informationsnetzwerk mit Zugang zu originären Daten aufgebaut haben. Diese Gruppe hat sich in den vergangenen Jahren zunehmend Gehör verschafft. Als Erster ist hier M. King Hubbert zu nennen, der in den 1950er Jahren für Shell gearbeitet hat, aber sehr zum Ärger seines Arbeitgebers bereits 1956 das Fördermaximum der USA anhand der damals verfügbaren Daten richtig für 1970 vorausgesagt hatte.

ASPO

In der Analyse der weltweiten Verfügbarkeit von Erdöl sind der britische Geologe Colin C. Campbell und der französische Geologe Jean Laherrere seit mindestens 15 Jahren Protagonisten und Wortführer. Die beiden arbeiteten jahrzehntelang in der Ölindustrie. Gegen Ende ihrer aktiven Berufslaufbahn widmeten sie sich zunehmend der Öffentlichkeitsarbeit. Im Jahr 1995 veröffentlichten sie gemeinsam die Ergebnisse ihrer Analysen in der Studie »The World's Oil Supply 1930–2050«. Diese zeigt, dass zwischen 2000 und 2010 das weltweite Fördermaximum zu erwarten ist. Die Unsicherheit beschränkt sich vor allem auf die unsichere Datenlage der zentralen OPEC-

Staaten, insbesondere auch Saudi-Arabiens. Colin Campbell hat im Jahr 2000 ein Netzwerk unabhängiger Fachleute und Geologen gegründet, die ASPO (Association for the Study of Peak Oil and Gas), deren Präsident derzeit Prof. Kjell Aleklett von der Universität Uppsala ist.

In Deutschland haben der Geologieprofessor Wolfgang Blendinger und die beiden Autoren dieses Buches seit 1998 entsprechende Ergebnisse veröffentlicht und durch eigene Analysen ergänzt. Insbesondere fanden diese Erkenntnisse im Jahr 2000 Eingang in einen Bericht an das Büro für Technikfolgenabschätzung des Deutschen Bundestages sowie in ein Minderheitsvotum einer Enquetekommission des Deutschen Bundestages. Die führenden Mitglieder von ASPO im deutschsprachigen Raum fanden sich als kritische und unabhängige Stimmen aus Universitäten, Erwachsenenbildungsstätten und Beratungsinstituten zusammen. Die Sichtweisen wurden in jahrelanger intensiver Auseinandersetzung mit der Thematik erarbeitet. Grund für die Beschäftigung mit dem Thema ist die weitgehende Nichtbeachtung der absehbaren Verknappung des Ölangebots in der Öffentlichkeit.

EWG

Von dem Bundestagsabgeordneten Hans-Josef Fell wurde 2006 das Netzwerk Energy Watch Group (EWG) als unabhängige Stimme im Energiedialog gegründet. Die für die EWG arbeitenden Autoren sind zu einem Teil auch Mitglieder von ASPO.

»Ein ungebrochenes Verbrauchswachstum der fossilen Energien ist möglich«

Szenarien der künftigen Ölversorgung

Szenarien der IEA

Die Internationale Energieagentur zeichnet seit vielen Jahren im jährlich erscheinenden *World Energy Outlook (WEO)* das Bild, dass der Verbrauch an allen fossilen Energieträgern, und insbesondere an Erdöl als dem bedeutendsten unter ihnen, in den kommenden Jahrzehnten ungebrochen wachsen kann und wird.

Prognosen oder Gemeinplätze?

Der aktuelle WEO vom November 2008 ist ein Dokument voller Widersprüche. Die quantitativen Prognosen der künftigen Nachfrage und des Angebots besagen, dass die Weltölförderung bis 2030 mit jährlich einem Prozent weiter steigen wird. Damit wird die Möglichkeit eines weiteren stetigen wirtschaftlichen Wachstums suggeriert. Erläuternd dazu finden sich in dem Bericht jedoch die für das Eintreten des Szenarios notwendigen Bedingungen. Demnach müssten die Ölfirmen wesentlich mehr Geld in die Suche und Erschließung neuer Ölfelder investieren, als sie es derzeit tun. Zugleich bestehen erhebliche Zweifel daran, ob die Firmen dieses Geld jemals investieren werden. Es wird deutlich, dass die Autoren es selbst für äußerst unwahrscheinlich halten, dass diese Bedingungen sämtlich erfüllt werden, und sie warnen daher vor bevorstehenden dramatischen Verwerfungen. Entsprechend schließt die Zusammenfassung dieses Berichtes mit den Worten: »Bei aller Unsicherheit der Vorhersage ist es sicher, dass die Energieversorgung im Jahr 2030 sehr verschieden von der heutigen sein wird.« Die Szenarien der IEA sind das, was man im englischen Sprachgebrauch als conventional wisdom bezeichnet – das, was alle denken und unhinterfragt für richtig halten. Wenn die Szenarien der IEA sich als unrealistisch erweisen, dann senden sie falsche energiepolitische Signale mit eventuell verheerenden Konsequenzen.

Kritik an der IEA

An den Prognosen der IEA gibt es zunehmend Kritik. Im Folgenden wird ein alternatives Szenario entworfen und begründet, wie es den warnenden Textpassagen des WEO eher entspricht als das dort vorgestellte Referenzszenario.

Methodische Grundlagen

Aufgrund welcher Daten kann man sich ein Bild vom Verlauf der Ölförderung in den kommenden Jahren und Jahrzehnten machen? Diese Frage ist nicht einfach zu beantworten und es gibt sehr unterschiedliche Methoden, eine Antwort zu versuchen. Eine einfache Methode zur Ermittlung des Verlaufs der Förderkurve über den gesamten Zeitraum vom Beginn bis zum Ende der Förderung eines Ölfelds oder einer Ölprovinz hat der amerikanische Geologe King Hubbert in den 1950er Jahren entwickelt. Dazu wird eine Kurve mit den jährlichen Förderraten erstellt, die dem Profil einer Glocke gleicht: Sie beginnt bei null, steigt dann bis zu einem Maximalwert an und sinkt dann wieder bis auf null ab. Diese Kurve ermittelt sich, indem der erste Teil der Kurve die bisher erreichten Förderraten abbildet und die Kurve dann so weitergeführt wird, dass die Summe der jährlichen Förderraten der insgesamt förderbaren Ölmenge entspricht. Die insgesamt förderbare Ölmenge wird geschätzt als Summe aus bereits gefördertem Öl, nachgewiesenen und wahrscheinlichen Reserven. Damit ergibt sich das Fördermaximum ungefähr dann, wenn die Hälfte des insgesamt förderbaren Öls aufgebraucht ist. Hubbert hat seine Methode auf die Ölförderung der USA angewendet und 1956 deren Fördermaximums etwa für das Jahr 1970 vorausgesagt. Erst wurde er nicht ernst genommen, als sich aber später herausstellte, dass er recht hatte, wurde er dafür berühmt.

Differenzierte Prognose

Eine differenziertere Methode für die Projektion der künftigen globalen Ölförderung baut auf drei Betrachtungen auf:

- Wie hat sich die Förderung in den vergangenen Jahrzehnten in einzelnen Feldern und Regionen entwickelt, und welche fundamentalen Trends lassen sich hier in die Zukunft extrapolieren?
- Wie rasch lassen sich bestehende Planungen für die Erschließung neuer Felder realisieren?
- Wie groß sind die noch nicht erschlossenen Ölreserven und wie viel Öl wird man in den kommenden Jahrzehnten vermutlich noch finden?

Ausgehend von der Detailanalyse einzelner Felder und Regionen, wie dies im Kapitel »Das Fördern von Erdöl« beschrieben wurde, erfolgt eine

Sortierung in drei Gruppen: Regionen, die ihr Fördermaximum schon sicher überschritten haben, Regionen, die am Fördermaximum sind und Regionen, die vermutlich ihre Förderung noch ausweiten können. Für solche, die ihr Fördermaximum bereits überschritten haben, können die künftigen Förderraten recht verlässlich in die Zukunft fortgeschrieben werden. Wo man mutmaßlich bereits am Fördermaximum ist, entscheidet vor allem das Erschließungstempo neuer Ölfelder darüber, ob der Förderrückgang der produzierenden Felder noch für einige Jahre ausgeglichen oder überkompensiert werden kann. In Regionen vor dem Fördermaximum bestimmt das Tempo der Erschließung der vorhandenen und noch nicht erschlossenen Ölfelder zusammen mit den vermutlichen Funden der kommenden Jahre über den Zeitpunkt des Fördermaximums. Die Größe der wahrscheinlichen künftigen Funde wird durch Extrapolation der Entwicklung der historischen Funde ermittelt.

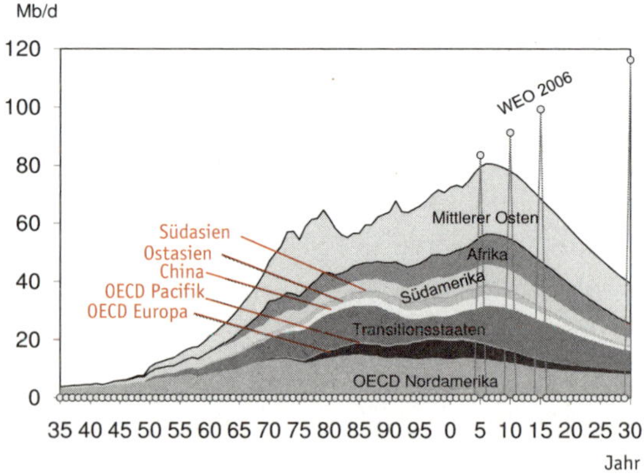

Weltölförderung nach Regionen – der Peak ist „jetzt"

Szenario der EWG

Basierend auf der dargestellten Methodik haben die Autoren 2007 ein Szenario für die Energy Watch Group vorgelegt. Wesentliches Ergebnis ist, dass die weltweite Ölförderung bereits ihr Fördermaximum erreicht hat – Peak Oil ist jetzt!

Peak Oil

Demnach hat die weltweite Ölförderung im Jahr 2006 ihren Höhepunkt erreicht. 2007 lag die Förderung niedriger als im Vorjahr, und nach derzeitigem Wissen war sie 2008 ebenfalls unter den Vorjahreswerten. Eine Unsicherheit von ein paar Jahren bezüglich des genauen Datums von Peak Oil bleibt aufgrund der Unsicherheit der Datenbasis bestehen. Die Details sind aber nicht so wichtig angesichts der Tatsache, dass die weltweite Ölförderung seit 2005 praktisch ein Plateau erreicht hat, und das trotz seit 2004 dramatisch gestiegener Ölpreise.

Die zweite wichtige Aussage betrifft den drastischen Rückgang der Förderung in den nächsten zwei Jahrzehnten. Nur wie sich dieser Rückgang im Zeitablauf im Detail entwickeln wird, ist ungewiss. Aber die Größenordnung eines Rückgangs um durchschnittlich drei Prozent pro Jahr ist sehr wahrscheinlich: Bis zum Jahr 2030 wird sich die weltweite Ölförderung in etwa halbieren. Die Welt ist an einem Wendepunkt von »jedes Jahr ein bisschen mehr Öl« zu »jedes Jahr ein bisschen weniger Öl«.

Anstieg des Wettbewerbs

Dieses Szenario hat eine weitere Konsequenz, die sich nicht gleich erschließt, die Tatsache nämlich, dass die auf dem Weltmarkt verfügbare Ölmenge wesentlich schneller zurückgehen wird als deren Förderung: Die verbleibenden Öl exportierenden Staaten werden durch die Exporterlöse in der Lage sein, ihre eigene wirtschaftliche Entwicklung weiter voranzutreiben. Dies wird dazu führen, dass deren Verbrauch an Erdöl noch zunehmen kann, obwohl die produzierte Menge abnimmt und die für den Export verbleibende Menge sich entsprechend reduziert. Ein Beispiel dafür ist Russland, wo 2008 die Förderung um etwa ein Prozent, die Exporte aber um vier Prozent zurückgegangen sind. Der Wettbewerb um das knapper werdende Öl auf dem Weltmarkt wird sich intensivieren mit der absehbaren Folge langfristig steigender Preise.

Das EWG-Szenario steht in krassem Gegensatz zu den Projektionen der IEA, die ein ungebrochenes Wachstum des Ölangebots bis 2030 voraussagen.

Begründung des EWG-Szenarios

Zunächst einige qualitative Gründe für das Erreichen des Fördermaximums und den bevorstehenden Rückgang der Produktion. Mit jedem Jahr, das vergeht, wird es schwieriger, die Förderung abermals auf dem Niveau des Vorjahres zu halten, da die Förderraten der alten und großen Felder weiter zurückgehen. Es muss also mehr Aufwand als im Vorjahr betrieben werden, um wieder dessen Niveau zu erreichen. Zudem werden mit jedem Jahr die verbleibenden Ölfelder mit guten ökonomischen und geologischen Eigenschaften weniger, da die entsprechenden Neufunde ausbleiben.

Daraus ergibt sich, dass jedes Jahr weniger für den Ausgleich des Förderrückgangs getan werden kann und dieser schließlich das Förderprofil dominiert. Der durchschnittliche jährliche Rückgang wird etwa drei Prozent betragen. Je schwieriger die wirtschaftliche Lage der Ölindustrie, desto stärker wird dieser Rückgang ausfallen, da mögliche, aber unter den gegebenen Umständen unrentable, Investitionen in neue Ölfelder ausbleiben. Dieses Muster der Ölproduktion lässt sich auch bei den großen börsennotierten Ölfirmen nachweisen, wie im Kapitel »Das Fördern von Erdöl« gezeigt wurde.

Regionale Analysen

Wie bei der IEA, so sind auch für das EWG-Szenario zehn Weltregionen die regionale Grundlage der Analysen. Im Folgenden werden die Einschätzungen der EWG dargestellt, die auf den in Teil 1 beschriebenen Mustern beruhen, und den Prognosen der IEA gegenübergestellt.

Mittlerer Osten

Trotz aller Zweifel an den offiziell berichteten Reserven verfügt der Mittlere Osten noch über die größten Ölvorräte. Die künftige Ölförderung dieser Region wird vor allem darüber entscheiden, ob die weltweite Förderung noch einige Jahre lang weiter steigen kann oder schon bald zurückgehen wird. Allerdings ist die Qualität der Daten für den Mittleren Osten am schlechtesten. Glaubt man den offiziellen Angaben der Staaten, so betragen diese Reserven 707 Gb – was der Hälfte der weltweiten Ölreserven entspricht –, die sich wie folgt auf die einzelnen Staaten verteilen: Saudi-Arabien 268 Gb, Iran 133 Gb, Irak

115 Gb, Kuwait 99 Gb und Vereinigte Arabische Emirate 98 Gb. Sollten die offiziellen Angaben tatsächlich stimmen, so könnte – vorausgesetzt, es würde genügend in die Erschließung dieser Reserven investiert – die Förderung noch für etwa fünf bis zehn Jahre ausgeweitet werden, bevor sie dann zurückgeht. Die Internationale Energieagentur geht in ihren Szenarien fast von einer Verdoppelung der Förderung im Mittleren Osten bis 2030 aus. Dabei unterstellt sie, dass bereits bekannte neue und auch noch nicht gefundene Felder mit hohem Tempo und mit großem finanziellen Aufwand erschlossen werden.

Zweifel an den Prognosen

Aus den bereits genannten Gründen gibt es jedoch gute Argumente für die Annahme, dass diese vermuteten Reserven überhöht sind. Dies vorausgesetzt, kommt man zu deutlich geringeren Werten. ASPO und die EWG schätzen die tatsächlichen Reserven wie folgt ein: Saudi-Arabien 159–181 Gb, Iran 44–69 Gb, Irak 41–61 Gb, Kuwait 35–54 Gb und Vereinigte Arabische Emirate 39–44 Gb. Sollten diese Angaben eher richtig sein – und dafür spricht wesentlich mehr als für die Sichtweise der IEA –, so wird die Ölförderung in den kommenden Jahren mit jährlich zwei Prozent bis 2030 bis auf etwa 15 Mb (Megabarrel) pro Tag zurückgegangen sein werden. Bei dieser Einschätzung ist zugrunde gelegt, dass (1) eine kurzfristig vielleicht sogar mögliche Fördersteigerung nicht im Interesse der Länder des Mittleren Ostens ist und daher nicht übereilt in die Erschließung der verbleibenden Felder investiert werden wird, und (2) die wenigen großen Ölfelder, auf denen die

Förderung heute beruht, ihr Fördermaximum erreicht haben oder kurz davor stehen.

Nordamerika

In Nordamerika (USA, Kanada und Mexiko) wird trotz aller technologischen Maßnahmen die Ölförderung weiter zurückgehen. Seit Mexiko 2004 das Fördermaximum überschritten hat, verstärkt sich der gemeinsame Förderrückgang der Region. Dies können weder die verbleibenden Reserven im Golf von Mexiko noch die weitere Erschließung der kanadischen Teersande ausgleichen. Während die IEA davon ausgeht, dass in der gesamten Region bis 2030 die Förderung um etwa zehn Prozent auf 15 Mb pro Tag angehoben wird, hält die EWG eine Halbierung der Förderung auf 7 bis 8 Mb pro Tag für wesentlich wahrscheinlicher. Die optimistische Sichtweise der IEA beruht vor allem auf einer positiven Einschätzung der mexikanischen Ölförderung. Der bisherige Trend der vergangenen Jahre bestätigt allerdings die Erwartungen der EWG.

Transformationsländer

In den Staaten der ehemaligen Sowjetunion liegen die Ölreserven vor allem in Russland, Kasachstan und Aserbaidschan, wobei Russland sowohl bei der Förderung als auch bei den Reserven deutlich dominiert. Wenn dort die Förderung zurückgeht, wird sie in der gesamten Region rückläufig sein, denn Aserbaidschan und Kasachstan können diese Entwicklung nicht lange ausgleichen. Und die russische Förderung geht seit 2007 zurück. Daran ändert weder das Engagement westlicher Konzerne etwas, noch die Rhetorik der IEA, dass Russland mehr in die

Förderung investieren müsse. Die Erwartung der IEA ist, dass die Förderung bis 2030 noch um etwa zwanzig Prozent ausgeweitet werden kann, wenn genügend investiert wird. Die EWG hingegen geht von einem Förderrückgang um etwa sechzig Prozent bis 2030 aus.

Afrika In Afrika ist die Förderung heute weitgehend gleichmäßig auf Nigeria (2,4 Mb pro Tag), Algerien (2 Mb pro Tag), Libyen (1,8 Mb pro Tag) und Angola (1,7 Mb pro Tag) verteilt. Der Beitrag Ägyptens und anderer Staaten liegt unter zehn Prozent. Auch hier hofft die IEA, dass neue Ölfunde im tiefen Meer vor der Westküste Afrikas eine Steigerung um 10–15 Prozent bis 2030 erbringen werden. Doch eine Analyse des Produktionsverlaufs der einzelnen Felder und die eingetretenen Verzögerungen bei den von den dort tätigen Unternehmen angekündigten neuen Projekten legen nahe, dass die Förderung auch in dieser Region um mindestens 60 Prozent bis 2030 fallen wird. Der von der EWG erwartete schnelle Förderrückgang basiert vor allem auf der Einschätzung, dass die großen Funde in der Tiefsee nach Beginn der systematischen Exploration relativ früh gemacht wurden und daher kaum mehr mit weiteren großen Funden zu rechnen ist und dass Tiefseefelder aufgrund der hohen Förderkosten sehr aggressiv erschlossen werden. Der Förderrückgang solcher Felder nach dem Maximum liegt eher im Bereich von 5–10 Prozent als bei 2–3 Prozent (das ist z. B. der Förderrückgang in den USA ohne Alaska seit 1970).

Südamerika

Ebenfalls extrem konträr ist die Sichtweise der IEA und der EWG bezüglich der Fördermöglichkeiten in Südamerika. Auch hier erwartet die IEA eine Steigerung der Förderung um etwa vierzig Prozent bis 2030. Diese Hoffnung stützt sich auf die zügige Ausweitung der Schwerölförderung in Venezuela, vor allem aber auf bedeutende weitere Funde und deren schnelle Erschließung im tiefen Meer vor Brasilien. Die EWG erwartet, dass in Brasilien der Förderhöhepunkt um 2010 erreicht sein wird. Die Gesamtförderung der Region fiele in dieser Prognose bis 2030 um etwa sechzig Prozent. Hierbei ist durchaus unterstellt, dass Brasilien noch einige große Funde machen und diese Felder erschließen wird. Aber der bereits beginnende Förderrückgang der produzierenden Felder macht es immer schwieriger, die Förderrate der gesamten Region noch zu steigern.

Europa

Weitgehende Übereinstimmung herrscht in der Einschätzung der künftigen europäischen Ölförderung. Diese hat 2000 das Fördermaximum überschritten und wird bis 2030 deutlich abfallen, nach Einschätzung der IEA um fast achtzig Prozent, nach Einschätzung der EWG um 85 bis neunzig Prozent.

China, Asien, Australien

Die restlichen Regionen (China, Asien und Australien) tragen heute mit weniger als zehn Prozent zur globalen Ölförderung bei. Deren weitere Entwicklung ist daher nicht so bedeutend.

Region Zahlen in Mb/Tag	**Ölförderung 2007** BP Stat Rev	**Ölförderung 2030** EWG	IEA
Mittlerer Osten	25,2	13,8	38,2
Nordamerika	13,7	8,2	11,4
GUS	13,5	6,8	16,5
Afrika	10,3	4,9	12,5
Süd- u. Mittelamerika	6,6	2,6	8,3
Europa	4,3	1	2,1
sonstige	7,4	1,7	14,8
Welt	81,5	39	103,8

Zukunftshoffnungen?

Oft wird argumentiert, dass man in neuen, noch wenig erforschten Regionen noch sehr viel Öl finden könne. Diese Hoffnungen widersprechen jedoch allen Erfahrungen der vergangenen Jahre. Als wichtige Hoffnungsträger werden hier vor allem folgende Regionen genannt:

- Ölförderung im Kaspischen Meer
- Ölförderung in der Tiefsee im Golf von Mexiko, östlich von Brasilien und westlich von Afrika (v. a. Angola und Nigeria)
- Die weitere Erschließung der saudi-arabischen Ölreserven
- Ölreserven im Irak
- Teersandförderung in der Provinz Alberta in Kanada
- Neu zu entdeckendes Erdöl in der Arktis, das aufgrund der Klimaänderung leichter zugänglich werden soll
- Seit kurzem wirbt die Firma BP wieder verstärkt damit, dass neue Technologien in Zu-

kunft eine wesentlich größere Entölung der bereits bekannten Ölfelder zulassen werden.

Jährlicher Rückgang

In jeder der genannten Region lassen sich enorme Schwierigkeiten und Projektverzögerungen beobachten, die nicht den Schluss zulassen, dass von dort in Zukunft ausreichend Öl kommen wird.

Hoffnung und Wirklichkeit

Beispielsweise ruhen die Hoffnungen im Kaspischen Raum auf wenigen Feldern: auf Tengiz, Karachaganak, Kashagan, Kurmangazy in Kasachstan und dem Feldkomplex Azeri-Chirag-Guneshli (ACG) in Aserbaidschan. Das Ölfeld Kashagan wurde im Jahr 2000 als letztes und größtes dieser Felder im nördlichen Teil des Kaspischen Meeres entdeckt und soll etwa 10 Gb förderbaren Öls enthalten. Damit ist es einer der größten Funde der vergangenen zwanzig Jahre. Kurz nach der Entdeckung des Feldes hoffte man, zum Jahr 2005 die Förderung aufnehmen zu können. Heute spricht man davon, dass die Ölförderung frühestens 2014 beginnen werde. Grund dafür sind die extrem schwierigen Bedingungen. In Aserbaidschan hat man den Feldkomplex ACG inzwischen weitgehend erschlossen. Die Förderung wurde dort bis auf 1 Mb pro Tag hochgefahren und wird innerhalb der kommenden zehn Jahre auf etwa zwanzig Prozent dieses Wertes zurückgehen.

Tiefseeregionen

Auch in den Tiefseeregionen gibt es große Probleme. 1999 wurde beispielsweise im Golf von Mexiko das Ölfeld Thunder Horse gefunden. Obwohl zehnmal kleiner als Kashagan, wurde es groß in der Presse gefeiert. Ab 2005 sollte es etwa

0,25 Mb pro Tag liefern. Tatsächlich floss das erste Öl erst Ende des Jahres 2008. Schwer berechenbare Hurrikane treffen diese Region besonders. Jedes neue Projekt liegt weiter von der Küste entfernt und ist diesen Gefahren verstärkt ausgesetzt. Noch im Jahr 2002 hofften die dort aktiven Ölfirmen, dass bis Mitte des Jahrzehnts sich die Ölförderung verdoppeln werde. Tatsächlich ist sie gefallen.

Brasilien Die Ölförderung Brasiliens wurde bis Ende 2008 auf fast 2 Mb pro Tag ausgeweitet. Dieser Wert hätte jedoch bereits zwei Jahre früher erreicht werden sollen. Grundsätzlich lässt sich hier noch eine Steigerung erwarten, da noch einige unerschlossene Felder bekannt sind. Allerdings liegen diese Felder immer weiter von der Küste entfernt und in immer tieferen Meeresregionen; beides führt zu erschwerten Arbeitsbedingungen und enorm steigenden Kosten.

Saudi-Arabien In Saudi-Arabien verlagert man sich inzwischen ebenfalls auf die schwierig zu erschließenden Felder. Khurais, 1957 entdeckt, ist derzeit der größte Hoffnungsträger. Dass man sich erst jetzt um die Erschließung dieses Feldes kümmert, liegt an den schwierigen geologischen Umständen, die technisch sehr aufwändiger und teurer Lösungen bedürfen. In fast allen großen Feldern Arabiens wurde die Förderung bereits vor mehr als fünfzig Jahren aufgenommen. Heute haben diese Felder ihr Fördermaximum erreicht oder überschritten. Derzeit ist es noch strittig, ob Saudi-Arabien die Ölförderung freiwillig reduziert, um dem Preisverfall am Weltmarkt entgegenzuwirken, oder ob vielmehr der bereits stattfindende Förderrückgang verschleiert werden soll. Das oft von westlichen Ölfirmen vorgebrachte Argument, Saudi-Arabien könne mangels ausländischen Knowhows die Ölfelder nicht dem technischen Stand entsprechend erschließen, entbehrt jeder Grundlage und ist reine Zweckpropaganda. Ebenso wie ExxonMobil, BP oder Shell dieses Knowhow auf Technologiefirmen wie Halliburton, Schlumberger u. a. ausgelagert haben, sind diese Oil-Service-Unternehmen natürlich in Arabien genauso eingeschaltet wie übrigens auch in Russland.

Kanada

Mit Teersandprojekten hat man in Kanada seit 1967 Erfahrung. Im vergangenen Jahrzehnt wurden viele neue Projekte begonnen oder angekündigt. Doch auch hier zeigt sich, dass die gut zugänglichen und leichter erschließbaren Felder eben zuerst angegangen wurden. Neue Projekte werden heute kaum noch begonnen. Die begonnenen Projekte sind stark verzögert – hinzu kommt, dass ein Ölpreis von 40–50 US-Dollar für die Firmen kein Anreiz ist, hier weiter Geld zu investieren.

Arktis

Seit kurzem richten sich die Hoffnungen auch auf die auftauende Arktis, vor allem im Norden Kanadas und Sibiriens. Dabei waren hier Explorationen bereits vor vielen Jahren alles andere als vielversprechend. Zudem erlauben die kurzen Sommer nur kurze Arbeitsphasen, die zu langen Erschließungszeiten führen. Es gibt dort nur wenig Öl, und selbst wenn es einmal gefördert werden sollte wird es keinen Einfluss auf das weltweite Ölfördermaximum haben.

Spektakuläre Funde?

Gerade seit die Probleme der Ölförderung offensichtlich werden, werden immer wieder neue spektakuläre Ölfunde in der Presse verkündet. Die mexikanische Staatsfirma Pemex meldete 2006, man werde im mexikanischen Teil des Golfs von Mexiko vermutlich noch über 50 Gb Öl finden. Beim flüchtigen Lesen konnte man den Eindruck gewinnen, als ob dieses Öl gerade gefunden worden sei. Wer die Pressemitteilung jedoch ganz durchlas, konnte auch lernen, dass die Förderung im größten Ölfeld Mexikos jetzt mit über zehn Prozent pro Jahr zurückgehen werde. Tatsächlich liegt die Ölförderung heute etwa zwanzig Prozent niedriger als 2004. Ebenfalls im Jahr 2006 verkündete Chevron den Erfolg einer Ölbohrung namens Jack-2 im Golf von Mexiko. Bis zu 15 Gb Öl könnten in dem Feld enthalten sein. Bis heute ist die Größe nicht bestätigt. Kritiker vermuten einen eher kleinen Fund mit deutlich weniger als 1 Gb. Ein möglicher Beginn der Ölförderung ist noch nicht bekannt.

Der Explorationschef der brasilianischen Staatsfirma Petrobras verkündete 2008 bereits nach einer einzigen Bohrung, habe man im tiefen Meer eine Formation entdeckt, die bis zu 33 Gb Öl enthalten könnte. Damit wäre es der größte Ölfund seit vielen Jahrzehnten, dem man den Namen Carioca gab. Erst ein Jahr zuvor hatte man das mit vielleicht 8 Gb große Feld Tupi entdeckt. Die Größe des Fundes Carioca ist bisher nicht bestätigt. Sicher ist, dass man 280 Kilometer vor der Küste und in mehr als 5000 Meter Tiefe unter einer 2000 Meter dicken Salzschicht eine Öl führende Schicht entdeckt hat. Externe Fachleute vermuten, dass bestenfalls die gesamte Region über soviel Kohlenwasserstoffe verfügt. Zudem ist unklar, ob mit der Angabe die in der Formation vermutlich gespeicherte Ölmenge gemeint ist oder die förderbare Ölmenge, die nur etwa zwanzig bis dreißig Prozent davon betragen dürfte. Die Erschließungskosten für die Formation von Tupi und Carioca werden auf etwa 600 Mrd. Dollar geschätzt. Heute ist unklar, ob und wann aus diesen Feldern jemals Öl gefördert werden mag.

Mit solchen Meldungen soll einerseits von Misserfolgen auf anderen Gebieten abgelenkt werden. Andererseits wird damit auch versucht, in der Öffentlichkeit den Eindruck immer neuer Funde zu erwecken und damit die Hoffnung auf künftige noch größere und weitere Funde wachzuhalten.

Verlässliche Schätzung

Die verlässlichste Schätzung zukünftig noch zu erwartender Funde erhält man immer noch über eine Analyse der vorangangenen Erfolge in einer Region. Gestützt auf derartige Analysen werden in den kommenden Jahrzehnten noch Ölfunde in Höhe von etwa 200 Gb erwartet. Dieser Wert ist bereits berücksichtigt in der Projektion der künftigen Ölförderung, einer Halbierung der Förderung bis 2030 nämlich, nach einem Fördermaximum im Jahr 2006.

Historische Perspektive

Letztlich sollte man alle Zahlen immer in eine historische Perspektive setzen. So waren in der Dekade 1960 bis 1970 jährliche Neufunde von 40–60 Gb pro Jahr die Regel. Heute liegen diese bei 5–10 Gb pro Jahr, während wir jedes Jahr etwa 30 Gb verbrauchen. Die Tagesförderung beträgt 82 Mb pro Tag. Ein Ölfeld wie der Fund Kashagan oder Carioca (falls er sich realisiert) würde mit einer kurzzeitigen maximalen Förderrate von 1,5–2 Mb pro Tag kaum einen nennenswerten Einfluss auf das weltweite Förderprofil haben. Jährlich müssten mindestens zehn und mehr Felder dieser Größenordnung hinzukommen, um die künftige Förderung wieder ansteigen zu lassen.

»Auch unsere Urenkel werden noch Auto fahren«

Endlichkeit fossiler Ressourcen

Erdöl ersetzen?

Die Endlichkeit des Erdöls und die direkten Konsequenzen werden allmählich offensichtlich, auch wenn damit die weitreichenden indirekten Konsequenzen längst noch nicht begriffen sind. Ein naheliegender Lösungsansatz, der die Fortsetzung des »Business as usual« versucht, geht dahin, fehlendes Erdöl einfach durch einen der anderen fossilen Energieträger zu ersetzen. Technisch sollte dem kein grundlegendes Problem entgegenstehen: Sowohl Erdgas als auch Kohle lassen sich als Ausgangsprodukte zur synthetischen Erzeugung flüssiger Kraftstoffe nutzen. Und doch ist es wenig wahrscheinlich, dass dieser Versuch erfolgreich sein wird.

Hoher Aufwand

Erstens ist der technische Aufwand zur Kraftstofferzeugung aus Kohle oder Erdgas erheblich höher als bei Erdöl. Zudem ist der Wirkungsgrad sehr schlecht. Nur etwa die Hälfte der in Form von Erdgas oder Kohle eingesetzten Energie kann in einen flüssigen Kraftstoff umgewandelt werden.

Begrenztes Potenzial

Zweitens sind in der langjährigen Geschichte des Abbaus von Kohle und auch der Ausbeutung von Erdgaslagerstätten ähnliche Muster erkennbar wie bei der Förderung von Erdöl: Vom Einfachen zum Schwierigeren. Auch bei Kohle und Erdgas sind viele der ergiebigen, leicht und billig erschließbaren Reserven zuerst aufgebraucht worden. Auch bei diesen Energieträgern greift es viel zu kurz, nur die Reservestatistiken als belastbares Indiz für eine auf absehbare Zeit ausreichende Versorgung anzusehen. Was bleibt, sind die schwieriger zu erschließenden, von den Verbrauchern weiter entfernten Lagerstätten; bei der Kohle insbesondere häufig auch mit minderwertigeren Qualitäten. Das Potenzial von Kohle und Erdgas für den Einsatz zur Kraftstofferzeugung ist begrenzt, da beide Märkte heute bereits sehr angespannt sind. Bei Erdgas ist das Verfügbarkeitsproblem bereits ähnlich weit fortgeschritten wie bei Erdöl. Hinzu kommt, dass die Bezugsquellen wegen der bestehenden Pipeline-Infrastruktur begrenzt sind. Anders als beim Erdöl gibt es praktisch keinen Weltmarkt für Erdgas.

Ungünstige Eigenschaften

Drittens aber hat Kohle, abgesehen von der ebenfalls begrenzten Verfügbarkeit, ungünstigere Eigenschaften als Erdöl: geringere Energiedichte, kostspieliger und aufwändiger zu transportieren, höhere Schadstoffemissionen. Für Erdgas gilt dies in ähnlicher Weise beim mobilen Einsatz als Kraftstoff, nicht jedoch im stationären Bereich zur Strom- und Wärmeerzeugung. Dort hat Erdgas tatsächlich noch in vieler Hinsicht günstigere Eigenschaften, insbesondere geringere Emissionen von CO_2 und anderer Schadstoffe und im Vergleich zur Kohle zusätzlich eine einfachere Logistik für die Bereitstellung am Ort des Verbrauchs.

Klimapolitik und begrenzte Ressourcen

Steigender Energieverbrauch ist nach herrschender Meinung, zumindest in globalem Kontext, Voraussetzung für wirtschaftliche Entwicklung und Wachstum. Dieses Wachstum des fossilen Energieverbrauchs zu stoppen und umzudrehen ist dagegen Ziel der Klimapolitik. Und genau deshalb war Klimapolitik bisher nicht erfolgreich: Sie bedeutet Verzicht auf Wachstum im erfolgreichen Wirtschaftssystem. Klimapolitik wird bislang nur in homöopathischen Dosen umgesetzt, angebliche wirtschaftspolitische Notwendigkeiten haben immer Priorität. Diese wirken kurzfristig, während Lösungen für das Klimaproblem aufgeschoben werden, da man glaubt, dafür noch genügend Zeit zu haben. Wirtschaftspolitik und Klimapolitik verfolgen konträre Ziele.

Chance für den Klimaschutz

Dabei ist es unstrittig: Aus Gründen des Klimaschutzes muss die Nutzung fossiler Energieträger so schnell wie möglich reduziert werden. Fossile Energie soll möglichst effizient für den Übergang zum postfossilen Zeitalter genutzt werden; aber ein großer Teil der noch verfügbaren Reserven sollte ungenutzt bleiben. Für die Klimapolitik ist die sich jetzt zeigende, beginnende Knappheit der fossilen Energieträger von entscheidender Bedeutung. Denn die abnehmende Verfügbarkeit der fossilen Energieträger wird sich nicht, wie bisher unterstellt, erst lange nach Eintreten des Klimaproblems bemerkbar machen. Dies bietet eine neue Chance für den Klimaschutz.

Steigende Preise: Voraussetzung für eine Trendwende

Es geht darum, das Fördermaximum des Erdöls für die Klimapolitik zu nutzen. Das Ölfördermaximum sollte also weniger als Bedrohung des westlichen Lebens- und Wirtschaftsstils gesehen werden, sondern vielmehr als Verbündeter in den anstehenden Klimaverhandlungen für ein *Post Kyoto Abkommen*. Steigende Ölpreise sind in dieser Sichtweise nicht mehr – wenngleich in der öffentlichen Argumentation noch vorherrschend – das Problem. Sie sind vielmehr Voraussetzung für den Übergang in eine nachhaltigere Energieversorgung und für eine Lösung des Klimaproblems. Steigende Energiepreise sind nicht nur Treiber einer steigenden Energieeffizienz, sondern sie werden in Verbindung mit dem zurückgehenden Angebot zum Auslöser einer grundlegenden Umkehrung des bisherigen Trends: Der Verbrauch von fossilen Energieträgern wird zurückgehen und mit ihm der Ausstoß von CO_2. Dies wirkt in die gleiche Richtung wie die ohnehin erforderlichen Klimaschutzmaßnahmen.

Peak Oil als Klimadividende

Ökonomisch gesehen eröffnet sich damit eine *Klimadividende des Ölfördermaximums*. Damit ist Peak Oil weniger ein Problem als vielmehr eine bislang ungenutzte Chance. Diese Klimadividende von Peak Oil kann nur eingelöst werden, wenn nicht Hoffnungen auf den Ersatz von Erdöl durch andere fossile Energieträger genährt werden. Deshalb ist es wichtig, neben Peak Oil auch die Verfügbarkeit von nicht konventionellem Öl, Erdgas und Kohle in die öffentliche Debatte zur Klimapolitik einzubeziehen. Wurde bisher jeder Fund von Erdgas und jede Steigerung der Förderung der äußerst klimaschädlichen Teersande positiv kommentiert, so kehrt sich – aus Klimasicht – die Bewertung um. Es ist ein Vorteil, dass beispielsweise Teersande sehr viel weniger Potenzial haben, als früher angenommen wurde. Es ist vorteilhaft, dass die Ausweitung der Förderung von Erdgas auf Schwierigkeiten stößt. Ebenso ist es vorteilhaft, dass, anders als ein unkritischer Blick auf bisherige Ressourcenabschätzungen vermuten lässt, Kohle nicht einfach reichlich verfügbar ist.

Je früher der Zusammenhang zwischen Klimawandel und dem Ende des fossilen Zeitalters ins öffentliche Bewusstsein dringt, umso eher kann diese Einsicht Kraft entfalten. Die Abkehr von fossilen Energieträgern ist dann nicht mehr nur eine als freiwillig empfundene Vorleistung zum Schutze des Klimas, sondern eine unumgängliche Anpassung an eine unvermeidliche Entwicklung. Diese Einsicht in die Notwendigkeit kann die Politik und jedes individuelle Handeln beflügeln. Damit kann endlich mit dem Klimaschutz Ernst gemacht werden.

»Erneuerbare Energien können nie die Energieversorgung garantieren«

Das Ende des fossilen Zeitalters ist absehbar

Nachteile fossiler Energieträger

Was sind die Probleme unserer heutigen Energieversorgung? In aller Kürze lassen sich deren strukturelle Mängel so beschreiben: Sie ist nicht nachhaltig, weil sie im Wesentlichen auf der Nutzung entweder nicht erneuerbarer fossiler oder aber nuklearer Energiequellen beruht; sie ist nicht zukunftsfähig, weil sie durch das Verbrennen von Kohlenstoff die Atmosphäre belastet und das Klima aufheizt; sie ist nicht gerecht, weil nur ein kleiner Teil der Weltbevölkerung den größten Anteil am Energieverbrauch hat; sie ist außerdem nicht gerecht, weil der Energieverbrauch der gegenwärtig lebenden Generation die Chancen der künftigen Generationen mindert. Das fossile Zeitalter geht seinem Ende entgegen, es wird nur wenige Jahrhunderte gedauert haben.

Die steigenden Ölpreise führten in Deutschland zunächst zu einer Verbrauchsreduktion: Der durchschnittliche Kraftstoffbedarf der Pkw ging von 8,7 Liter je 100 km im Jahr 1999 auf heute 7,6 Liter je 100 km zurück. Parallel dazu reduzierte sich der gesamte fossile Kraftstoffverbrauch in Deutschland um etwa neun Prozent. Weiter steigende Kraftstoffpreise

brachten die Autoindustrie zunehmend in Schwierigkeiten – zuerst in den USA. Seit etwa 2003 gehen dort die Verkaufszahlen zurück, insbesondere die der großen Fahrzeuge. Das Tempo des Rückgangs verstärkte sich seit Anfang 2008 und erfasste in der zweiten Jahreshälfte auch Deutschland, andere europäische Länder und Japan.
Die steigenden Ölpreise der letzten Jahre haben den Luftverkehr vor große strukturelle Probleme gestellt. Entsprechend erhöhte sich die Zahl der Konkurse und Zusammenschlüsse von Fluggesellschaften. Das Jahresende 2008 brachte, verstärkt durch die beginnende Wirtschaftskrise, einen deutlichen Rückgang der Passagierzahlen um ca. vier Prozent, vor allem aber einen Rückgang der Frachttransporte um 22 Prozent.
Parallel begann eine Krise der Schifffahrt zur Hochzeit der Ölpreise im Jahr 2008. Die Nachfrage nach Frachttransporten und die Frachtraten sind eingebrochen, und daraufhin auch die Bestellungen neuer Schiffe.

Wir stehen gerade am Beginn der Transition in eine postfossile Welt. Diese Phase wird durch tiefgreifende Umbrüche gekennzeichnet sein. Wird anschließend alles wieder so sein, wie in der präfossilen Zeit? Wird es doch anders sein? Wenn ja: Was sind die Gründe dafür, dass es anders sein wird und welche Strukturen können wir heute schon erkennen?

Wirtschaftliche Umbrüche und neue Chancen

Das Modell »Business as usual« ist mit dem Fördermaximum des Erdöls an sein Ende gekommen. Wir sind bereits mittendrin in diesem Umbruch, der durch die aktuelle Situation der Finanzmärkte verstärkt und beschleunigt wird. Als Folge der Rezession werden die Investitionen in vielen Branchen zurückgehen. Dies gilt vor allem auch für die Ölindustrie, die die teure Erschließung neuer Ölfelder zurückstellt. Das wird den Rückgang der Ölförderung in vielen Regionen weiter beschleunigen.

Gemeinsame Lösung

Gängige Sichtweise ist es, die drei Problembereiche Erdölverknappung, Klimawandel und Finanzmarktkrise isoliert zu betrachten. Erst wenn wir begreifen, dass wir alle drei Probleme gemeinsam lösen müssen, können wir diese Krisen dauerhaft überwinden. Die bisherige Randbedingung »Energie ist billig und reichlich verfügbar« wird durch »Energie ist teuer und knapp« ersetzt. Wirtschaft und Gesellschaft müssen lernen, mit weniger und teurer Energie auszukommen. Die bisherigen durch Öl angetriebenen Trends im Verkehr werden gebrochen und werden sich teilweise umkehren.

Die künftige Entwicklung muss durch eine Substitution von Energieeinsatz durch intelligente Technik geprägt sein. Genauso wichtig wird aber ein veränderter Lebensstil sein. Darüber hinaus wird es vermutlich auch aus ökologischen Gründen nötig sein, den globalen Energieumsatz zu begrenzen. Manche Autoren halten bei 8 Mrd. Menschen einen durchschnittlichen Energieverbrauch von 1,5 kW für noch zulässig. Für Deutschland würde das zu einer Reduktion des Energieverbrauchs um den Faktor 3 bis 4 führen.

Diese Änderung der Rahmenbedingungen bedeutet aber auch eine Chance. Neue Akteure können mit neuen Geschäften wachsen. Alte Akteure passen sich entweder an oder verschwinden vom Markt. Je proaktiver die Transition gestaltet wird, desto verträglicher wird der Umbruch sein.

Technik prägt die postfossile Welt

Bleibende technische Innovationen werden die postfossile Welt prägen und deutlich von der präfossilen unterscheiden. Die postfossile Welt wird weiterhin und sogar noch verstärkt eine »Hightech«-Welt sein – eine Folge der enorm gewachsenen wissenschaftlichen Erkenntnisse und der sich daraus ergebenden technischen Fähigkeiten der Menschheit, die insbesondere in der fossilen Ära entstanden sind. Dies schafft eine völlig neue Qualität, die es erlaubt, auch ohne die Verfügung über fossile (und nukleare) Energiequellen das Leben in vielfältiger Weise besser gestalten zu können, durch den sinnvollen und intelligenten Einsatz von Technik.

Im Folgenden werden die wichtigsten Innovationen kurz dargestellt. Natürlich gibt es eine Vielzahl weiterer Neuerungen, die ebenfalls von bleibender Bedeutung sind und zu einer anderen Lebensqualität beitragen.

Faraday erfand sowohl den Elektromotor (1821) als auch den Stromgenerator über einen Dynamo (1831). 1905 folgte die photoelektrische Zelle durch Elster und Geitel. Dies sind die wichtigsten Grundlagen zur Nutzung von Strom.
1837 wurde der erste Telegraf durch William F. Cooke und Charles Wheatstone entwickelt. Dies war der Beginn der Telekommunikation.
1885 wurde in England das Fahrrad mit gleich großen Rädern und Kettenantrieb erfunden.

Elektrizität

Die Entdeckung und Nutzung der Elektrizität ist vielleicht die prägendste Innovation mit den vielfältigsten Folgen. In vorindustrieller Zeit konnte man die Kräfte von Wasser und Wind nur als mechanische Kräfte unmittelbar nutzen. Die Biomasse war die wichtigste Energiequelle in Form von Nahrung für die Bereitstellung von menschlicher und tierischer Arbeitskraft sowie als Brennstoff für die Wärmeerzeugung. Diese dominierende Rolle hat die Biomasse in den ärmsten Ländern der Erde bis heute weitgehend behalten. Auch in Zukunft wird man – wie in vorindustrieller Zeit – weiterhin Biomasse, Wind und Wasser zur Energiegewinnung nutzen, doch die Möglichkeiten sind durch die Nutzung der Elektrizität vielfältiger und universeller geworden: Die Entwicklung der Techniken zur Erzeugung und Verwendung des »Sekundärenergieträgers« Strom erlaubt eine effizientere und flexiblere

Nutzung der Naturkräfte. Seitdem kann man die Kräfte von Wasser und Wind nicht mehr nur mechanisch und nicht nur am unmittelbaren Standort von Mühle und Windrad nutzen. Hinzugekommen ist in jüngerer Zeit auch die Fähigkeit, Sonnenlicht mittels Solarzellen direkt in elektrischen Strom umzuwandeln.

Zur räumlichen Entkopplung von Energiebereitstellung und -nutzung kommt noch die Möglichkeit, das Energieangebot auf verschiedene (auch wiederum räumlich getrennte) Nutzungen aufzuteilen – eine weitere Funktion des elektrischen Netzes. Elektrizität hat, wo immer sie verfügbar ist, die Nacht potenziell zum Tage gemacht. *Künstliches Licht* hat den Lebensrhythmus der Menschen vielleicht mehr verändert als irgendetwas sonst. Dabei vergessen wir oft, dass es auch heute sehr viele Menschen gibt, die keinen Zugang zu elektrischem Licht haben. Dennoch wird Energie für diesen Zweck künftig potenziell immer verfügbar sein.

Kommunikation und Datenverarbeitung

Die modernen Technologien der Kommunikation und der Datenverarbeitung haben die Nutzbarmachung der Elektrizität zur Voraussetzung. Sie sind nichtsdestoweniger eigenständige Innovationen, die in ihrer Wirkung ähnlich weitreichend sind wie die Innovation der Nutzung von Elektrizität. Traditionelle Zweige der Technik werden immer »intelligenter«. Man denke nur an die Integration von Maschinenbau mit Datenverarbeitung und Regelungstechnik zum neuen Fach Mechatronics. Technik muss auch intelligenter und damit effizienter werden, denn Energie steht in der postfossilen Welt nur begrenzt zur Verfügung. Daneben stehen die Fortschritte in der Kommunikationstechnik: In chronologischer Folge sind dies Telegraf, Telefon, Rundfunk, Fernschreiber, Fernsehen, Fax, PC und Internet sowie Mobiltelefon. Und die Entwicklung scheint noch längst nicht abgeschlossen. Diese Innovationen ermöglichen jetzt und in Zukunft neue technische Systeme und soziale Interaktionen, die in der präfossilen Welt noch undenkbar waren. Allerdings darf man nicht vergessen, dass diese Anlagen zu ihrem Betrieb und vor allem zur Kühlung auch Strom benötigen. Daher ist ihre künftige Rolle auch von energieeffizienten Lösungen abhängig.

Erneuerbare Energietechnologien und mehr

Zu nennen sind die modernen Technologien zur Nutzung der erneuerbaren Energien.

Der Wert der Solarenergie:

- **1 m² Kollektorfläche liefert etwa 500 kWh im Jahr. Dies entspricht 50 Liter Öl oder 100 kg Holz.**
- **1 m² Fotovoltaikmodule liefern etwa 140 kWh Strom im Jahr.**
- **Der Holzzuwachs in einem Wald beträgt etwa 4 t je ha, dies entspricht etwa 2 kWh/m².**

Im Vordergrund stehen die Technologien zur regenerativen Stromerzeugung. Am Anfang war das nur die Wasserkraft. Hinzugekommen sind

Windkraftanlagen, dann die Photovoltaik mit ihrem noch weitgehend ungenutzten Potenzial. Solarthermische Kraftwerke zur Stromerzeugung im Sonnengürtel der Erde eröffnen gleichfalls große Möglichkeiten. Auch die Erdwärme kann zur Stromerzeugung genutzt werden. Noch in der Entwicklung befinden sich Technologien zur Nutzung der Meeresenergie.

Alle Erneuerbaren Energien zusammen hatten in Deutschland Ende 2008 vermutlich einen Anteil von etwa 16 Prozent am Stromverbrauch, von 12 Prozent am gesamten Endenergieverbrauch bzw. von 8 Prozent am Primärenergieverbrauch. Das ist dreimal mehr als noch vor zehn Jahren. Den größten Beitrag leistet die Windenergie mit etwa 7 Prozent, der Beitrag der Solarstromerzeugung lag noch unter 1 Prozent. Die Zuwachsraten sind, begünstigt durch das Erneuerbare Energiengesetz und weitere Unterstützungsmaßnahmen, hoch.

Demand side management

In der postfossilen Welt ist die Nachfrage nach Energie keine gegebene und quasi unveränderliche Größe. Kühlschränke, Waschmaschinen und Trockner müssen nicht zu einer genau bestimmten Zeit betrieben werden. Es genügt, wenn die Energie in bestimmten Zeitfenstern bereitgestellt wird. Die Geräte werden vom Netzbetreiber dann angeschaltet, wenn es insgesamt am günstigsten ist. Die Spitzenlast der Strombereitstellung kann auf diese Weise ganz erheblich abgesenkt werden und der Aufwand für die Stromerzeugung ist wesentlich geringer als in unserem gegenwärtigen, quasi »dummen« System, das nur die Angebotsseite regelt.

Auch das ist keine neue Idee. Das Konzept heißt *demand side management* und wird durch die Fortschritte der Datenverarbeitung und Kommunikationstechnik möglich – und durch den Zwang, mit möglichst wenig Aufwand für die Energiedienstleistung auszukommen, auch nötig.

Dies ist ein Beispiel für die Nutzung intelligenter Technologien, die die Möglichkeiten der präfossilen Welt bei weitem übersteigen. Im Ergebnis wird das dazu führen, dass ein großer Teil des heutigen fossilen Energieverbrauchs in den nördlichen Breiten durch intelligente Technik ersetzt werden kann, die die Sonnenenergie nutzt. Auf diesem Weg sind wir schon weit vorangekommen, was das Wissen angeht. Was fehlt, ist die breite Umsetzung; doch der Weg ist vorgezeichnet.

Solarenergie

Ebenso wichtig sind moderne Technologien zur Nutzung der solaren Wärme, die es gestatten, diese viel raffinierter und effizienter zu nutzen als früher.

Energiespeicherung

Ein weiterer wichtiger Baustein ist die Fähigkeit, Energie in vielfältiger Form zu speichern. Die Natur kennt nur Biomasse als speicherbare erneuerbare Energie. Technisch möglich sind jetzt auch Speicher für elektrische Energie sowie chemische Energiespeicher. Die auf physikalischem und chemischem Wissen basierenden technischen Möglichkeiten, Maschinen und Geräte zu bauen, die Energie für alle möglichen Zwecke nutzbar machen können, werden unvergleichlich größer sein als jemals zuvor in der Geschichte der Menschheit. Und die Fortentwicklung von Wissenschaft und Technik wird auch in der postfossilen Welt noch weitergehen.

Dezentralisierung

Die Energiebereitstellung wird auch dezentraler sein als heute. Die Bereitstellung von Wärme wird vollkommen dezentral sein. Diejenige von Strom und Kraftstoffen wird in größerem Umfang dezentral erfolgen. Zentrale Strukturen wird es jedoch auch auf der Basis erneuerbarer Energien weiterhin geben. Das gilt insbesondere für die Nutzung der Windkraft, vor allem im Offshore-Bereich. Aber auch für solarthermische Kraftwerke im Sonnengürtel der Erde.

Wie es weitergeht

Wie wird der genaue Mix der verschiedenen erneuerbaren Energien in der postfossilen Welt aussehen? Was werden die Anteile von Wind, Biomasse, Wasserkraft, Solarthermie, Photovoltaik usw. sein? Welche regionalen Differenzierungen wird es geben? In dieser Beziehung wird die postfossile Welt nicht statisch, die Strukturen werden nicht ein für alle Mal festgelegt sein. Man wird weiterhin fortwährend lernen, Erzeugungstechnologien und Energiedienstleistungen werden dem technischen Wandel unterliegen, ebenso wie sich die Lebensstile weiterhin entwickeln werden.

Das Fahrrad

Wenn wir an die Innovationen in der Verkehrstechnik während des fossilen Zeitalters denken, dann denken wir an die (elektrische) Eisenbahn, das Auto, das Motorrad, den Bus und den Lkw sowie an das Flugzeug. Auch an mit Öl betriebene Schiffe. Alle diese Verkehrsmittel werden weiterhin eine, wenn auch vermutlich stark veränderte, Rolle in der postfossilen Welt auch haben. Meist wird aber das Fahrrad, das es in der präfossilen Welt ebenfalls nicht gegeben hat, in dieser Aufzählung vergessen. Was ist das Besondere am Fahrrad? Es handelt sich hier um eine Erfindung, die es dem Menschen erlaubt, seine eigene Körperkraft effektiver einzusetzen. Anders als bei den vorher genannten Verkehrsmitteln werden, unabhängig von der Verfügbarkeit von Energie, dauerhaft neue Möglichkeiten eröffnet. Das Fahrrad schafft mit menschlicher Muskelkraft einen individuellen Bewegungsradius, der weit über alles in der präfossilen Zeit vorstellbare Maß hinausgeht – es ist auch praktischer und weit billiger als der Besitz eines Pferdes, der für die Mehrzahl der Menschen ohnehin nicht erreichbar war (und bleibt). Das Fahrrad ist die Verwirklichung des Märchentraums von den Siebenmeilenstiefeln.

Postfossile Mobilität

Mobilität ist ein weiterer Bereich, der sich wesentlich von den heutigen Strukturen in den hochindustrialisierten Ländern unterscheiden wird, so sehr, dass wir die Bezeichnung *postfossile Mobilität* verwenden wollen. Viele Lebensbereiche haben sich seit Beginn der Industrialisierung grundlegend verändert, kaum einer jedoch so grundlegend wie der Bereich der Mobilität.

Erneuerbare Energien für den Verkehr

Das größte Problem liegt beim Ersatz der Kraftstoffe für den Verkehr. In diesem Sektor wird das meiste Öl verbraucht. Die Notwendigkeit, hier den Verbrauch zu reduzieren, stößt auf den größten gesellschaftlichen und emotionalen Widerstand. Die Politik hat in Deutschland bisher keine wirksamen Signale in diese Richtung gesetzt. Nicht einmal leicht umzusetzende und keine Steuermittel erfordernde Maßnahmen werden ergriffen. Welchen Grund sonst gäbe es, sich als einziges Land einer generellen Geschwindigkeitsbegrenzung zu widersetzen?

Strom auf der Straße

In einer vollständig auf erneuerbaren Energien basierenden Welt wird der weitaus größte Teil des Energieangebots in Form von Strom vorliegen. Der Beitrag der energetisch genutzten Biomasse kann zwar noch steigen, aber nur in bescheidenem Umfang; somit bekommt Strom den Charakter einer Primärenergie. Heute ist Strom eine Sekundärenergie, die mit hohen Umwandlungsverlusten aus Kohle, Erdgas, Öl und Uran erzeugt werden muss. Damit ergibt sich auf der anderen Seite ein Problem für die Bereitstellung von Kraftstoffen für den Verkehr. Aus Biomasse lassen sich zwar mit Benzin und Diesel vergleichbare flüssige Kraftstoffe herstellen, das Potenzial wird aber bei weitem nicht ausreichen, um den heutigen Bedarf auch nur annähernd zu decken. Strom muss also auch die Energiequelle für den Verkehr werden.

Energiespeicher Wasserstoff

Am effizientesten ist es, den Strom direkt zu nutzen, wie heute schon im Schienenverkehr und künftig vielleicht in elektrischen Autos mit Batterien. Allerdings ist nicht sicher, dass das im erforderlichen Umfang technisch möglich sein wird, denn die Anforderungen an Batterien bezüglich Lebensdauer, Kaltstartverhalten, Zyklenfestigkeit, Energiedichte (Reichweite), Speicherdichte, Kosten, Schnellladefähigkeit und mehr sind sehr hoch. Damit gewinnt die energetisch zweitbeste Lösung an Attraktivität, nämlich die Umwandlung von Strom in den chemischen Energiespeicher Wasserstoff und wiederum dessen Nutzung als Kraftstoff. Damit lassen sich Brennstoffzellenfahrzeuge mit hohem Wirkungsgrad betreiben. Auch als Kraftstoff für Flugzeuge ist Wasserstoff geeignet.

Erhöhter Raumwiderstand

Die höheren Kosten für die Kraftstoffe sowie insbesondere deren mengenmäßig geringere Verfügbarkeit werden zu einer Verteuerung des motorisierten Verkehrs führen. Dies wird eine der heutigen Fehlentwicklungen mildern oder beseitigen, nämlich die Bevorzugung der Ferne gegenüber der Nähe. Die Erhöhung des Raumwiderstandes wird zu einer Aufwertung aller Beziehungen vor Ort führen. Das regionale Umfeld ist zunächst für jeden am wichtigsten, weil man ihm nicht mehr leicht und billig entfliehen kann.

Renaissance der Provinz

Dies hat unmittelbare Auswirkungen auf die Entwicklung der Siedlungsstruktur und der räumlichen Strukturen von Handel und Dienstleistungen aller Art. Die Zersiedelung der Landschaft, die sich bei niedrigem Raumwiderstand heute für viele »rechnet«, ergibt dann keinen Sinn mehr; Wohnen und Arbeiten werden wieder näher zusammenrücken. Erreichbarkeiten zu Fuß oder per

Fahrrad erhalten wieder den Stellenwert, den sie einmal hatten. Die Rolle des öffentlichen Verkehrs wird gestärkt und um innovative Angebote erweitert. Die Provinz wird aufgewertet, weil man plötzlich wieder die örtlichen Angebote und Dienstleistungen braucht. Der Urlaub in der Dominikanischen Republik wird nicht mehr billiger sein als der Urlaub in Österreich usw.

Minimierung der Güterströme

Die Erhöhung des Raumwiderstandes hat natürlich auch Auswirkungen auf die regionale und internationale Arbeitsteilung und damit auf die Warenströme und den Güterverkehr. Just-in-time wird nicht mehr das alleinige Paradigma bei der Güterproduktion sein, die Minimierung der Güterströme wird das neue alte Ziel sein. Die Globalisierung der Wirtschaft stößt an natürliche Grenzen; ein neues Gleichgewicht zwischen Nähe und Ferne muss gefunden werden.

Was wird die postfossile Mobilität kennzeichnen? Auf den ersten Blick am sichtbarsten wird sein, dass das Auto nicht mehr so dominieren wird. Das hat zwei Gründe, einen *äußeren* und einen *inneren*. Der *äußere* Grund ist, dass Energie nicht mehr in der Menge und so billig verfügbar sein wird wie in der fossilen Ära. Der *innere* Grund: Die Menschen werden feststellen, dass eine fast nur noch auf das Auto gegründete Mobilität eine Fehlentwicklung ist, die ihre Lebensqualität beeinträchtigt.

Besser leben mit weniger Energie

Die Vision einer postfossilen Welt soll zeigen, dass man keine Angst vor der Zukunft haben muss, ein gutes Leben ist möglich. Es gibt genug Energie,

Dienstleistungen und Güter für alle. Die Energieversorgung wird persönlicher, die Verantwortlichkeit weniger anonym. Die Mobilität wird menschlicher, besser und gesünder zu gewährleisten sein. Materielles Wachstum wird es nicht mehr geben, aber das ist kein Unglück. Dafür werden menschliche Energien freigesetzt und Raum geschaffen für soziale Innovation. Das Leben wird entschleunigt. Es entsteht wieder eine intensivere Beziehung zu den Dingen, schon weil man länger mit ihnen leben muss. Die Ästhetik, die Schönheit der (gebauten) Umwelt und der Gegenstände des täglichen Lebens werden wieder wichtiger.

Eine gerechtere Welt

Auf internationaler Ebene kann es eine gerechtere Welt sein mit einer gleicheren Verteilung von Lebenschancen. Die Lebensstile werden differenziert sein. Der Lebensstil des »Nordens« wird nicht mehr auf Kosten der heute weniger entwickelten Länder und auf Kosten nachfolgender Generationen gehen. Es wird hoffentlich eine friedlichere Welt sein. Kriege um Öl gehören der Vergangenheit an. Aber andere Ressourcen, wie insbesondere das Wasser, bleiben Konfliktstoffe. Kriege sind keine Erfindung des fossilen Zeitalters.

Das Motto für die Vision einer gerechten postfossilen Welt könnte lauten: Besser leben mit weniger Energie! Diese Vision ist natürlich kein Entwicklungspfad, der sich quasi automatisch einstellt. Die Alternativen sind dauerhafte Verwerfungen, Armut und Gewalt. Die Vision sollte also ein erreichbares Ziel beschreiben, welches zu erreichen die Anstrengungen aller erfordert.

Anhang

Glossar

ACG	Azeri-Chirag-Guneshli; Verbund von drei Ölfeldern im Kaspischen Meer (Aserbaidschan)
ASPO	Association for the Study of Peak Oil and Gas; vom Geologen Colin Campbell gegründete Vereinigung von Wissenschaftlern zur Analyse der künftigen Öl- und Gasfördermöglichkeiten
BAU	Business as usual; Bezeichnung für ein Szenario, das die Verbrauchsmuster der Vergangenheit linear in die Zukunft extrapoliert
BGR	Bundesanstalt für Geowissenschaften und Rohstoffe in Hannover. Dem Deutschen Wirtschaftsministerium nachgeordnete Behörde
BP	British Petroleum. Ehemals Anglo-Persian Oil Company. Auf Anregung von W. Churchill gegründeter Ölkonzern
°C	Grad Celsius
CO_2	Kohlendioxid
DIW	Deutsches Institut für Wirtschaftsforschung in Berlin
EOR	Enhanced Oil Recovery; Bezeichnung für Methoden zur forcierten Entölung von Lagerstätten nach dem Überschreiten des Fördermaximums
EUR	Estimated Ultimate Recovery; Schätzwert der über die gesamte Erschließungsdauer eines Ölfeldes förderbaren Ölmenge
EWG	Energy Watch Group
EWI	Energiewirtschaftliches Institut in Köln
Gb	Gigabarrel; Volumeneinheit, 1 Gb enthält 1 Milliarde Barrel; ein Barrel oder Fass enthält 159 Liter
GUS	Gemeinschaft Unabhängiger Staaten. Alle Nachfolgestaaten der ehemaligen Sowjetunion
h	Stunde
ha	Hektar; Flächeneinheit, 1 ha entsprechen 10000 m^2
IEA	Internationale Energieagentur in Paris

IOC	International Oil Companies; große private Ölfirmen (im Gegensatz zu staatlichen Ölfirmen)
kW	Einheit zur Leistungsmessung. 1 kW entspricht 1000 Watt
kg	Kilogramm; Gewichtseinheit
kWh	Kilowattstunde; Einheit für den Energieverbrauch, 1 kWh entspricht dem einstündigen Energieverbrauch einer Maschine mit 1000 Watt Leistung
l	Liter
Lkw	Lastkraftwagen
m²	Quadratmeter; Flächeneinheit
NATO	North Atlantic Treaty Organisation
NYMEX	New York Metal Exchange. Kürzel für die New Yorker Rohstoffbörse
OECD	Organisation for Economic Co-operation and Development
OPEC	Organisation of Petroleum Exporting Countries. Politischer Zusammenschluss Erdölexportierender Staaten
PdVsa	Petróleos de Venezuela; staatliche Öl- und Gasfirma
Pemex	Petróleos Mexicanos; staatliche Öl- und Gasfirma
Petrobras	Staatliche Öl- und Gasfirma in Brasilien
Pkw	Personenkraftwagen
Probable Reserve	Bezeichnung für »nachgewiesene Reserve«
Prognos	Internationales Beratungsunternehmen
Proved and Probable Reserve	Bezeichnung für »nachgewiesene und wahrscheinliche Reserve«
Proved, probable and possible Reserve	Bezeichnung für »nachgewiesen, wahrscheinliche und mögliche Reserve«
RRC	Texas Railroad Commission; die RRC übernahm in der ersten Hälfte des 20sten Jahrhunderts die Kontrolle der Ölförderung in Texas und diente als Vorbild bei der Gründung der OPEC
SEC	Securities and Exchange Commission; Aufsichtsbehörde der amerikanischen Börse
WEO	World Energy Outlook. Jährliche Publikation der IEA

Ausgewählte Literatur

BP: BP Statistical Review of World Energy 2007. www.bp.com.

Bukold, Steffen: Öl im 21. Jahrhundert, Band I, Oldenbourg München 2008. Band II, 2009.

Bundesanstalt für Geowissenschaften und Rohstoffe: Reserven, Ressourcen und Verfügbarkeit von Energierohstoffen 2007. Hannover 2008.

Campbell, C. J. / Laherrere, J. H.: The World's Oil Supply 1930–2050. Petroconsultants Genf 1995.

Campbell, C. J. / Laherrere, J. H.: The imminent Peak of World Oil Supply. Scientific American. März 1998.

Campbell, C.J. / Liesenborghs, F. / Schindler, J. / Zittel, W.: Ölwechsel. 2.te aktualisierte Auflage, dtv München 2007.

Heinberg, Richard: Öl-Ende »The Party is over« Die Zukunft der industrialisierten Welt ohne Öl. Riemann Verlag 2008.

Hennicke, Peter / Müller, Michael: Weltmacht Energie. Hirzel Verlag Stuttgart 2005.

International Energy Agency: World Energy Outlook 2008. Paris 2008.

Merki, Christoph Maria: Verkehrsgeschichte und Mobilität. UTB Stuttgart 2008.

Perrodon, A. / Laherrere J. H. / Campbell C. J.: The World,s Non-Conventional Oil and Gas. Petroleum Economist, London, 1998.

Robelius, Fredrik: Giant Oilfields – The Highway to Oil. Uppsala 2007.

Schindler, Jörg / Zittel, Werner: Zukunft der weltweiten Erdölversorgung, Energy Watch Group 2008. www.energywatchgroup.de.

Simmons, Matthew R.: Twilight In The Desert – The Coming Saudi Oil Shock And The World Economy. JohnWiley & Sons 2005. Deutsche Ausgabe: Wenn der Wüste das Öl ausgeht. Finanzbuchverlag, München 2006.

ten Horn-van Nispen, Marie-Louise: 400 000 Jahre Technikgeschichte – von der Steinzeit bis zum Informationszeitalter. Primus Verlag Darmstadt 1999.

Zittel, Werner / Schindler, Jörg: Coal: Resources and Future Production. Energy Watch Group 2008. www.energywatchgroup.de.

Zittel, Werner / Schindler, Jörg: Uranium Resources and Nuclear Energy. Energy Watch Group 2006. www.energywatchgroup.de.

Quellennachweis:

Abb. S. 80: Die Monatswerte des „US First Purchase Price" wurde den Internetseiten des US DoE entonommen. Die Daten vor 1974 wurden durch Anpassung der Datensätze für 1974 aus BP Statistical Review of World Energy errechnet. Die näherungsweise Umrechnung in reale Preise erfolgte durch die LBST anhand von jährlichen US-Inflationsraten aus http://inflationdata.com
Die Nymex Monatsendwerte wurden http://futures.tradingcharts.com/chart/CO/M/?saveprefs=t&xshowdata=t&xCharttype=b&xhide_specs=f&xhide_analysis=f&xhide_survey=t&xhide_news=f entnommen

Abb. S. 90: Energy Watch Group, "Crude Oil – The Supply Outlook", October 2007 www.energywatchgroup.org